EL ARTE DE VIVIR EN LA EDAD MADURA

Guía para disfrutar la segunda mitad de la vida

MARTHA BEATO

Copyright © **2024 Martha Beato**

Título: El Arte de Vivir en la Edad Madura
Sub Titulo: Guía para disfrutar la segunda mitad de la vida

Dimensión: 388 p.; 15,24 x 22,86 cm

ISBN: 978-1-953277-01-5

Edición, diseño y diagramación:
Escuela de Autores
3437 Murcia Ct, Fort Myers, Florida, 33905, U.S.A.
info@escueladeautores.com
+13057078850
(305)707-8850

Fotografía: Víctor Ramón Quezada

Imprenta: Impresora Amigo del Hogar
República Dominicana

DEDICATORIA

A mi madre Doña Cantica, quien se quedó con nosotros hasta los 102 años. Su vida extensa y plena se convirtió en una fuente de inspiración para los que tuvimos el privilegio de conocerla. Ella fue el ejemplo palpable de cómo se pueden encontrar nuevos propósitos y disfrutar en las diferentes etapas de la vida.

A todos aquellos que al igual que ella eligen seguir bailando en la fiesta de la vida con alegría y esperanza, sin importar la edad. Qué este libro los anime a seguir andando con pasión y entusiasmo.

A todos los que desafían las convenciones y muestran ante el mundo la belleza de vivir sin aceptar el edadismo. Que este libro sea un reflejo de ese espíritu inquebrantable. Que encuentren en sus páginas fuerza para ocupar su lugar, la inspiración, y la certeza de que la vida, en su infinita sabiduría nos seguirá ofreciendo momentos de felicidad.

A todos los valientes que navegamos la segunda mitad de la vida, con el corazón abierto y el espíritu indomable. Esta obra está dedicada a quienes no aceptan ser relegados, a quienes no creen en el mito del declive sino en la promesa de posibilidades. A ustedes, que saben que el amor, la alegría y la belleza no tienen edad. Recordemos que la vida siempre tiene algo maravilloso que ofrecer. ACOMPÁÑENME A VIVIR CON ELEGANCIA PASIÓN Y PLENITUD.

ÍNDICE

En la tranquilidad de nuestros pasos, como la tortuga, encontramos la fortaleza para seguir avanzando, recordándonos que la sabiduría de la edad madura reside en la paciencia y la perseverancia.

La tortuga, con su paso lento pero seguro y su longevidad, emerge como un símbolo de sabiduría y serenidad. Se hace presente para invitarnos a cultivar la paciencia y a apreciar la profundidad de cada momento vivido. Ha venido para recordarnos que la verdadera fortaleza reside en nuestra capacidad para persistir con calma y determinación, sin apresurarnos por el camino de la vida. La tortuga viene a recordarnos que la sabiduría se destila en el silencio, que es en la serenidad donde encontramos claridad para aprender de las experiencias y que la madurez es un período de reflexión y de renovación continua y enriquecedora.

INTRODUCCIÓN

La edad madura es una etapa de la vida que conlleva tanto desafíos, como regalos significativos.

A medida que avanzamos en años, nos encontramos en un cruce de caminos donde la experiencia y la sabiduría se entrelazan con los desafíos inherentes al envejecimiento. Los desafíos que surgen en esta fase de la vida están relacionados con asuntos de salud, ajustes en las relaciones familiares y sociales, así como también las luchas para mantener un sentido de identidad y propósito en constante evolución. Incluyendo el deseo de aprovechar el "momento" o "el aquí y el ahora" para vivir la vida y realizar lo que ha estado pendiente o lo que se ha dejado de lado en la etapa anterior.

Los principales regalos que la edad madura nos puede brindar, están enlazados con las relaciones más profundas, una mayor perspectiva, autenticidad, la capacidad de reflexionar sobre una vida bien vivida, lo pendiente por vivir y saber disfrutarla en toda su amplitud. Por esto es importante conocerla y abordarla con comprensión y respeto.

Al escribir sobre la edad madura me he embarcado en un viaje personal y compartido. A medida que cruzaba el umbral de los 50 años, se fue dando en mí una transformación lenta, constante y profunda. Me sentía lista para asumir nuevas aventuras y desafíos, pero iban escaseando los espacios para realizarlos y el panorama conocido se sustituía por otros paisajes menos conocidos. De repente me encontré cuestionando mi lugar en el mundo y las expectativas que tenía para mí misma.

Este libro no solo habla de mí. En él comparto historias, experiencias, dificultades y autodescubrimientos de otras personas a quienes, al igual que a mí, al pasar de los 50, les cambió la vida. Es una compilación de testimonios de quiénes están transitando este mismo camino; sus historias y ejemplos nos inspiran y destacan la necesidad de seguir buscando y/o estar abiertos a dejarse sorprender por nuevas experiencias y logrando nuevos aprendizajes, sin importar la edad que tengamos; y a través de estas interacciones, reafirmar mi creencia en el poder transformador del crecimiento y desarrollo en todos los momentos de la vida y de manera especial en la edad madura. Esto requirió de mí, ampliar la mirada y adquirir nuevos recursos para seguir avanzando.

El culto a la juventud y seguir el edadismo, perpetúan estereotipos negativos y promueven la idea de que la valía de una persona disminuye con la edad. Considero esencial promover una cultura que valore y reconozca los aportes y la sabiduría de quienes ya no somos tan jóvenes.

Mi objetivo al escribir este libro es invitar a quienes lo lean, a desterrar el mito de que la edad madura es solamente una época de declives y limitaciones y en su lugar presentarla como el momento de liberarnos de las expectativas externas y redescubrir lo que realmente disfrutamos y nos hace felices.

¿CÓMO ESCRIBÍ ESTE LIBRO?

Tal y como les dije con anterioridad, a través del ejercicio de mi profesión he tenido el privilegio de interactuar con personas de diversas edades y orígenes. Esa riqueza de interacciones me animó a emprender una investigación orientada a conocer más sus percepciones y experiencias.

Dicha investigación, además de la observación, incluyó entrevistas personales, conversaciones informales y cuestionarios, buscando comprender las transformaciones y desafíos que van surgiendo en la edad madura y descubrir las fortalezas, la resiliencia y la sabiduría que cada ser humano lleva consigo.

Los casos y ejemplos que presento, las reflexiones que comparto, la invitación al disfrute y la autenticidad que aparecen en estas páginas, son el resultado directo de mi experiencia profesional y personal, unida a las de otros.

¿POR QUÉ ESCRIBÍ ESTE LIBRO?

Me motivó a escribir sobre este tema, la observación de cómo muchas personas, al llegar a la segunda mitad de la vida, se quedan desprovistas de recursos para enfrentar los nuevos desafíos e insisten en aplicar estrategias que fueron exitosas en el pasado, las cuales en el presente resultan obsoletas.

Escribir un libro sobre disfrutar, aceptar retos y acudir al crecimiento personal en la edad madura, es un viaje hacia la madurez y busca descubrir la belleza y lo valioso que esta etapa de la vida tiene para ofrecer.

¿PARA QUÉ LO ESCRIBÍ?

1. **Para compartir sabiduría y experiencia:** a medida que cumplimos años, acumulamos una gran cantidad de experiencias y sabiduría. A través de este libro quiero compartir las lecciones aprendidas con una audiencia más amplia y ayudar a otros a afrontar sus propios desafíos de una manera más informada y consciente.

2. **Para inspirar y motivar:** las historias de superación y crecimiento que aquí presento, pueden servir como fuente de inspiración para quienes se encuentren en una etapa similar de la vida. Mostrar cómo otros han afrontado retos y superado dificultades, puede servir

de ejemplo y motivarlos a tomar medidas similares para mejorar la vida.

3. **Para generar conexiones significativas:** escribir un libro que invite a disfrutar, seguir avanzando y desarrollarse en la edad madura puede ayudar a conectar a las personas que así lo deseen. Hablar de los desafíos y cómo afrontarlos puede servir de apoyo a quienes estén pasando por situaciones similares.

4. **Para la autorreflexión y crecimiento continuo:** quienes lean este libro pueden motivarse a reflexionar sobre sus experiencias y aprender más sobre ellas, lo que a su vez puede impulsar su propio crecimiento y desarrollo personal.

5. **Para aportar a la sociedad:** uno de los objetivos principales de este libro es ayudar a cambiar la percepción cultural sobre el envejecimiento, destacando la importancia de continuar creciendo y aprendiendo a lo largo de la vida.

¿A QUIÉNES VA DIRIGIDO ESTE LIBRO?

Aunque su título pueda sugerir que está diseñado exclusivamente para personas que han alcanzado la edad madura, la lectura de este libro, también será útil para personas de diferentes edades. Es importante destacar que los jóvenes pueden obtener beneficios al leerlo. En la sociedad actual, que a menudo idealiza la juventud y pasa por alto la experiencia acumulada con los años, ellos pueden aprender a apreciar la sabiduría y la profundidad que vienen con la edad. Esto puede fomentar la empatía hacia sus seres queridos mayores y promover un enfoque más equilibrado sobre la vida en sus diferentes etapas.

Quienes están a punto de entrar en la segunda mitad de la vida, encontrarán en este libro una guía efectiva que les proporcionará información sobre cómo prepararse para la etapa que se avecina y cómo establecer las bases para llegar a la longevidad en óptimas condiciones.

¿CÓMO SACAR PROVECHO DE ESTA LECTURA?

Para que puedas degustar los diferentes sabores que la lectura del libro te vaya ofreciendo, te invito a:

1. **Iniciar un viaje de autoexploración y reflexión acerca de la edad madura:** pregúntate ¿Qué significa para ti envejecer? ¿Cuáles son tus miedos y expectativas? ¿Qué deseas lograr en esa etapa de la vida? ¿Qué experiencias te gustaría vivir? Aceptar la idea del crecimiento personal, en lugar de ver el envejecimiento como un proceso negativo: promueve en ti la idea de que la edad madura es una oportunidad para el crecimiento y desarrollo personal. Presta atención a las historias, reflexiones y casos que te ayudarán a descubrir cómo puedes crecer, seguir

desarrollándote y evolucionar en esta fase de tu vida.

2. **Aprender a afrontar los desafíos:** la edad madura trae consigo desafíos físicos, mentales, emocionales, espirituales y sociales. Al leer este libro adquirirás herramientas para afrontar las dificultades con resiliencia y determinación.

3. **Fomentar las relaciones significativas:** este libro ofrece recomendaciones sobre cómo construir relaciones significativas con familiares, amigos y otros seres queridos. Una parte esencial de la vida en la edad madura es mantener y fortalecer las relaciones interpersonales.

4. **Planificar tu futuro:** utiliza esta lectura como una oportunidad para comenzar a establecer metas significativas y un plan para alcanzarlas. La edad madura es un momento para reflexionar sobre tus metas a largo plazo y tu legado.

RECOMENDACIONES:

Este libro es un recurso para la inspiración, el entendimiento y la acción. Para sacar el mejor provecho de su lectura, mis recomendaciones son:

1. **Léelo con mente abierta y reflexiva:** antes de comenzar la lectura, prepárate para explorar tus propios sentimientos y pensamientos sobre la edad

madura. Abre tu mente a nuevas perspectivas y permítete reflexionar sobre cómo encajan en tu propia vida las ideas y recomendaciones presentadas en el libro.

2. **Toma nota y subraya pasajes importantes:** mientras lees, ten a mano una libreta. Resalta los párrafos que te resuenen personalmente o que consideres valiosos. Te ayudará a recordar las lecciones clave y facilitará la aplicación de las ideas en tu vida diaria.

3. **Establece acciones concretas:** a medida que avances en la lectura, anota las metas y acciones que surjan como resultado de lo que lees. Por ejemplo, si el libro te inspira a fortalecer tus relaciones familiares, establece una meta específica tal como: programar reuniones regulares con tus seres queridos y comienza a planificar cómo lograrlo.

4. **Comparte y discute:** invita a amigos o familiares a leer el libro para intercambiar ideas sobre el mismo o únete a un grupo de lectura con el mismo objetivo. Las conversaciones con otras personas pueden enriquecer tu comprensión y proporcionar diferentes perspectivas sobre la longevidad y el proceso de transitar la segunda mitad de la vida.

5. **Aplica lo aprendido en tu vida diaria:** el conocimiento es poder solo cuando se pone en práctica.

A medida que avances en la lectura, comienza a aplicar gradualmente en tu vida cotidiana lo que consideres importante incorporar. Haz un plan de acción y de seguimiento para ver tu progreso.

Ten presente que la verdadera transformación personal proviene de la acción y aplicación de lo que aprendes. **"El Arte de Vivir la Edad Madura"** es una herramienta para el crecimiento personal, pero su impacto será más significativo cuando tomes medidas concretas para mejorar en la segunda mitad de tu vida.

POSTULADOS QUE DAN SOPORTE A ESTE LIBRO

En la segunda mitad de la vida:

1. Puedes cumplir años con energía, seguir aprendiendo y seguir aportando.

2. Puedes seguir realizando sueños y tener anhelos.

3. Puedes encontrar nuevos propósitos y descubrir nuevos intereses.

4. La edad cronológica, biológica y psicológica son tres aspectos diferentes. La edad cronológica es la única irreversible.

5. Puedes ser productivo y mantener el bienestar, aunque tengas situaciones desafiantes.

6. Lo que te trajo hasta aquí no te llevará al siguiente nivel.

7. Es posible disfrutar la vida hasta el final.

8. Si te enfocas en trabajar lo que depende de ti, puedes construir una longevidad óptima.

9. La posibilidad de disfrutar existe para quienes aprendan a gestionarla.

10. El espíritu continúa joven, si tú se lo permites.

¿QUÉ ENCONTRARÁS A MEDIDA QUE LEAS ESTE LIBRO?

La segunda mitad de la vida es una etapa que a menudo se encuentra envuelta en una niebla de incertidumbre y temor. Sin embargo, **"El Arte de Vivir la Edad Madura"** arroja luz sobre este período crucial de la existencia humana, explorando sus diferentes dimensiones, desafíos y oportunidades para el crecimiento y desarrollo personal.

El primer capítulo abre con el tema: "El camino de la vida: un viaje de encuentros y desafíos" y nos invita a explorar nuevos horizontes y a conocer los retos y regalos que tiene esta etapa. Enfatiza que, a pesar de los desafíos inherentes al envejecimiento, también hay un tesoro de sabiduría y experiencia acumulada que puede enriquecer nuestras vidas y las de quienes nos rodean. El libro anima a que, en lugar de centrarse en la edad, se enfatice la importancia de la actitud, las potencialidades por descubrir y la mentalidad.

Un aspecto fundamental que se destaca en el segundo capítulo, es la llamada "nueva longevidad". La esperanza de vida sigue aumentando, lo que significa que la segunda mitad de la vida puede durar décadas. Esto requiere un replanteamiento de cómo la vivimos, cómo cuidar la salud, cómo aprovechar las oportunidades que se presenten y cómo dejarse sorprender por la magia que esta etapa de la vida encierra, o que nos tiene reservada.

El libro también aborda las diferentes etapas de la segunda mitad de la vida, desde la mediana edad hasta la ancianidad. Cada periodo tiene sus propios desafíos y oportunidades, y comprenderlos es esencial para vivir cada momento de manera satisfactoria y gratificante.

Uno de los capítulos más importantes se centra en el crecimiento y desarrollo personal en la tercera edad. El proceso de autodescubrimiento y desarrollo personal no tiene límite de edad. Nunca es demasiado tarde para aprender, crecer y desarrollarse como personas.

La felicidad y el bienestar en la segunda mitad de la vida será otro tema. Explorará nuevas formas de encontrar bienestar emocional y satisfacción en la edad madura. También motiva a las personas que lean, encontrar y conectar con tribus afines, a disfrutar de su sexualidad, a saborear la vida y a cuidar el alma. Estos aspectos son fundamentales para seguir disfrutando en la segunda mitad de la vida.

En el último capítulo, hay una llamada a dejar de ser "envejeciente" y convertirse en "atemporal". Esta invitación nos recuerda que la edad es solo un número y que la actitud y el enfoque en la vida pueden determinar la calidad del viaje de nuestra existencia. Este libro es un llamado a instalar en tu mente un software llamado:

__"El arte de vivir en la segunda mitad de la vida".__

La segunda mitad de la vida nos enseña a apreciar cada grano de arena que cae, recordándonos vivir con intención y gratitud.

El reloj de arena nos invita a una reflexión sobre la permanencia y el precioso regalo que es cada momento de nuestra existencia. A medida que cada grano de arena marca el inexorable paso del tiempo, se nos recuerda la importancia de vivir con plenitud y propósito, especialmente en la edad madura. Este símbolo nos invita a mirar más allá de la superficie de nuestros días y a encontrar la riqueza en las experiencias acumuladas, las lecciones aprendidas y las conexiones forjadas. En la madurez, el reloj de arena cobra un significado aún más profundo. Ha llegado a este libro para inspirar a sus lectores a abrazar cada momento, a vivir conscientemente y a celebrar la belleza de la vida en todas sus fases. Se hace presente para recordarnos que, aunque el tiempo puede ser efímero, el impacto de una vida vivida con intención es eterno, y cada momento es una oportunidad para dejar una huella duradera.

CAPÍTULO 1

EL CAMINO DE LA VIDA: UN VIAJE DE ENCUENTROS Y DESAFÍOS

Al igual que un viajero en busca de destinos desconocidos, en la segunda mitad de la vida nos embarcamos en una travesía llena de vivencias significativas y desafíos inesperados. A lo largo de la ruta, nos encontramos con una diversidad de paisajes y terrenos que nos retan y nos brindan oportunidades para crecer, aprender y encontrar nuestro propósito.

El inicio del camino se asemeja a la salida del sol que llena el horizonte con promesas y posibilidades. Es en la etapa de la niñez, cuando nuestra inocencia y curiosidad nos impulsan a explorar el mundo que nos rodea. Cada paso dado es un descubrimiento y la inocencia actúa como guía, mientras desplegamos las alas de la imaginación. Como un río que fluye sin obstáculos, la niñez nos invita a soñar sin límites.

Con el tiempo, el sendero se empieza a estrechar y hacerse irregular. La adolescencia se alza como un camino empinado; nuestras emociones y ansias de independencia chocan con la insensatez y la inmadurez emocional. Cada paso exige un acto de equilibrio mientras exploramos nuestra identidad y moldeamos nuestro futuro. Los desafíos de la adolescencia son como las rocas en el camino, que nos hacen tropezar y caer, pero que también nos enseñan a levantarnos con más fuerza y así, llegar a la juventud.

La juventud marca la época cuando dejamos atrás la inocencia y nos aventuramos en un territorio desconocido; la mente se expande y nuestras expectativas se amplían. Es el tiempo del descubrimiento y las oportunidades; un periodo tumultuoso y a menudo desafiante. También es una etapa de esperanza, posibilidades y aventuras en la que plantamos las semillas de nuestras aspiraciones. Es un trampolín hacia la adultez y a medida que avanzamos hacia ella, el sendero se vuelve más claro y las elecciones comienzan a dar sus frutos.

La adultez y la mediana edad nos reciben con calidez abriendo un camino que se ensancha y nos brinda más espacio para caminar. Las encrucijadas nos invitan a tomar decisiones trascendentales, mientras seguimos el mapa de nuestros sueños y valores. En esta etapa de la vida nos embarcamos en una búsqueda interior; cada elección es como un giro en el camino que nos lleva hacia nuevas direcciones y nos otorga oportunidades inexploradas.

A medida que avanzamos, el sendero de la vida se va empapando con experiencias enriquecedoras. Alcanzamos la edad madura, y desde ahí miramos hacia atrás con nostalgia y descontento, o con gratitud y sabiduría. Los encuentros y desafíos del pasado se transforman en recuerdos dolorosos o en lecciones valiosas que nos encarcelan o nos guían hacia adelante. La edad madura es como una colina con una vista panorámica que nos permite reflexionar sobre los paisajes recorridos y vislumbrar lo que está por venir.

Finalmente, el sendero nos lleva a la etapa de la vejez y concluye en la ancianidad, una época de soledad y lamentos, o reflexión y aceptación. Nos convertimos en viajeros que han recorrido un largo trayecto y nos preparamos para abrazar el horizonte final. Cada paso se vuelve más pausado y contemplativo, como si nos detuviéramos a oler las flores en el recorrido. La vejez nos invita a cerrar círculos y abrazar la plenitud del presente para encontrarnos con nuestra esencia y trayectoria, como si estuviéramos en un camino que vuelve a su punto de partida.

Te invito a recorrer el camino de la vida con intensidad y disfrute, sabiendo que habrá momentos difíciles y desafiantes. Pueden aparecer montañas que representan los obstáculos que deberás superar, pero también te permitirán alcanzar una perspectiva más amplia y admirar la belleza de la naturaleza desde lo alto.

Habrá precipicios que te harán sentir vértigo y miedo, pero recuerda que la valentía y la determinación te llevarán a superar tus propios límites. Las curvas representan los cambios y las oportunidades que se presentarán en tu vida, que te desafían, pero también te permitirán crecer y evolucionar.

No todo será desafiante; también encontrarás paisajes hermosos en tu camino. Podrás escuchar el canto de las aves, lo cual te llenará de alegría y te recordará la belleza de la vida. Asimismo, llegarás a lugares llenos de placidez, como un río tranquilo donde podrás descansar y encontrar paz en medio del bullicio del viaje.

Podrás presenciar maravillosas puestas de sol y la llegada de la luna, momentos mágicos que te recordarán lo fugaz y hermosa que puede ser la existencia. Sin embargo, habrá días de tormenta y lluvias fuertes que te harán sentir tristeza y desasosiego, pero te animo a que no te rindas; la lluvia es necesaria para que se abran las flores más hermosas y la tormenta nos enseña a valorar la calma después de la tempestad.

Mi invitación para ti es que vivas en plenitud durante la segunda mitad de tu vida y hasta el final. Que aproveches cada experiencia y aprendizaje que encuentres en tu camino, y que llegues al ocaso de tu vida pudiendo decir como Amado Nervo: "¡Vida, nada me debes! ¡Vida, estamos en paz!".

Un viaje de autodescubrimiento:

Durante muchos años, el énfasis de los estudios e investigaciones sobre el ser humano y sus etapas de desarrollo estuvo en potenciar el bienestar desde la existencia intrauterina hasta la juventud. La edad adulta era vista como "el puerto de llegada" y la vejez como "la puerta de salida". Esta última, estaba asociada con el declive físico y el final. Hoy sabemos que después de la adultez todavía hay muchas etapas por vivir. Los 50 años no marcan el punto más alto de la vida.

No se trata de una cima seguida de una bajada, sino de un continuo crecimiento y desarrollo personal a lo largo del camino. La madurez suele traer consigo retos significativos, independientemente de cuál sea nuestra profesión, nivel socioeconómico, situación familiar o condición física y mental.

Es necesario considerar que las herramientas de crecimiento personal adquiridas a lo largo de la vida, pueden no ser suficientes para enfrentar situaciones desafiantes que eventualmente aparecerán. Por eso debemos tener presente que lo que nos ha traído hasta aquí, no nos llevará al siguiente nivel. Necesitaremos otros instrumentos y pasar por procesos de aprendizaje diferentes para afrontar los nuevos retos, y así poder continuar siendo útiles, disfrutar y permitir que la felicidad nos visite.

La edad madura es, en esencia, un viaje de autodescubrimiento.

Es el momento de reconocer nuestras fortalezas y abrazar nuestras imperfecciones con amor y aceptación. Es aprender a valorarnos y a cuidar de nosotros mismos.

La edad madura es, en esencia, un viaje de autodescubrimiento. Es el momento de reconocer nuestras fortalezas y abrazar nuestras imperfecciones con amor y aceptación. Es aprender a valorarnos y a cuidar de nosotros mismos.

HABLEMOS DE LA EDAD MADURA:

En el trascurso de este libro utilizo el término "persona madura" para referirme a aquellos que tienen más de 45 años, quienes ya están en la segunda mitad de la vida. Ahora bien, dentro de ese espacio, llamaré "edad madura" propiamente dicha, a la etapa comprendida entre los 60 y 80 años. El motivo de esta distinción es destacar que ese tiempo es cuando de forma especial se puede experimentar una mayor madurez emocional y espiritual, y enfatizar que es una época de plenitud máxima.

La edad madura es un periodo cargado de posibilidades y oportunidades para la continuidad del crecimiento personal y el enriquecimiento emocional; suele asociarse con el declive físico y mental. Es importante cambiar esa percepción y adoptar una perspectiva constructivista.

En primer lugar, es esencial entender que la madurez no es sinónimo de estancamiento. Es una etapa en la cual podemos seguir desarrollando nuestras habilidades y tener aspiraciones. A través del aprendizaje constante y la adaptación, podemos aprovechar al máximo nuestras capacidades y aportar una perspectiva valiosa a la propia vida y a la de quienes nos rodean.

El camino no está exento de desafíos. Las responsabilidades laborales, las relaciones familiares, la salud y otros aspectos de la vida pueden parecer abrumadores en ocasiones; sin embargo, afrontar estos retos con coraje y determinación es una muestra de la fortaleza que hemos acumulado a lo largo de la existencia. Cada uno de estos desafíos nos presentan una oportunidad para reinventarnos y seguir creciendo. Es fundamental incorporar la creencia de que nunca es demasiado tarde para buscar aquello que nos hace sentir vivos.

DESCUBRIENDO EL VERDADERO SIGNIFICADO:

A medida que pasan los años, nuestras prioridades cambian y nuestras perspectivas se amplían. Las metas y sueños que nos acompañaron en la juventud pueden adquirir un nuevo significado y dirección. Es entonces cuando debemos cuestionar esas prioridades y asegurarnos de que estén alineadas con lo que realmente queremos lograr en esta etapa de la vida. Este tiempo está llamado a ser un periodo de exploración y búsqueda de significado.

En lugar de preocuparnos por los números en el calendario, es preferible enfocarnos en la calidad de vida que estamos construyendo. La madurez nos brinda la oportunidad de valorar lo que hemos alcanzado y motivarnos a seguir adelante con nuevos proyectos y sueños. A lo largo de los años hemos vivido diversas situaciones que nos han enseñado lecciones valiosas. Cada tropiezo, cada éxito y cada aprendizaje nos han convertido en seres más sabios y resilientes.

La edad madura nos otorga un activo invaluable: la experiencia. Es tiempo de compartirla con los demás, inspirar a las nuevas generaciones y dejar un legado trascendente. Nuestra sabiduría y conocimiento pueden ser una guía para quienes están recorriendo el camino que alguna vez nosotros transitamos.

VENTAJAS Y DESAFÍOS MÁS FRECUENTES:

Uno de los aspectos más destacados de la segunda mitad de la vida es la búsqueda de un nuevo sentido de identidad y propósito. Las cuestiones que pudieron estar en segundo plano durante la juventud, tales como la autorrealización y la contribución significativa, emergen con una nueva claridad. Es un tiempo para reevaluar los sueños y los deseos que se persiguieron antes, de reconsiderar nuevas prioridades y decidir qué es importante ahora.

Este proceso de autorreflexión puede conducir al descontento, a la depresión, al cuestionamiento de la vida o al redescubrimiento de las pasiones y aspiraciones que fueron descuidadas o postergadas en etapas anteriores.

DESAFÍOS:

La segunda mitad de la vida trae consigo una serie de desafíos que se deben conocer para estar en condiciones de prevenirlos, ralentizarlos, minimizarlos o afrontarlos. Veamos los principales:

1. **Crisis de identidad:** a medida que las personas envejecen, pueden cuestionar su sentido de identidad y autoestima debido a la jubilación, la pérdida de roles laborales o la disminución de la salud física.

2. **Enfermedades crónicas:** a medida que envejecemos, enfrentamos un aumento en preocupaciones por

enfermedades crónicas, dolores habituales, movilidad reducida y la necesidad de cuidado médico constante. Estas condiciones pueden afectar la calidad de vida y la independencia.

3. **Pérdida de seres queridos:** la muerte de amigos y familiares cercanos se vuelve más frecuente, lo que genera duelos y sentimientos de soledad constantes.

4. **Dificultades financieras**: la jubilación y los cambios en la productividad pueden llevar a preocupaciones financieras, especialmente si no se han planificado previamente los temas relativos al dinero.

5. **Soledad y aislamiento social:** cuando avanza la edad, las personas experimentan con más frecuencia soledad y aislamiento debido a la pérdida de conexiones sociales o falta de actividades con amigos y familiares. Tal situación puede generar una crisis psicológica importante.

6. **Cambios en la imagen corporal:** las transformaciones físicas relacionadas con la edad pueden afectar la autoimagen y la autoestima, lo cual produce inseguridad.

7. **Desafíos en la adaptación a la jubilación:** esta transición puede ser difícil. Se hace necesario que las personas redefinan su identidad y encuentren un nuevo propósito en sus vidas.

8. **Cambio en las relaciones familiares:** las relaciones con los hijos adultos cambian y a veces se

generan tensiones debido a diferencias de opinión o a que los roles han cambiado. Convertirse en abuelos o enfrentar el "nido vacío" puede ocasionar crisis y la redefinición de los roles en la familia.

9. **Desafíos cognitivos:** la pérdida de memoria y otros deterioros mentales pueden afectar la calidad de vida y la independencia al realizar las tareas cotidianas.

10. **Disminución de la vida sexual:** cambios hormonales y de salud pueden afectar el deseo, la satisfacción sexual y la intimidad.

11. **Pérdida de independencia:** la dependencia de otros para actividades diarias tales como la movilidad o el cuidado personal dificulta la cotidianidad y pueden ser frustrante y desafiante.

12. **Vivienda y movilidad:** la accesibilidad y la elección de vivienda adecuada pueden ser una fuente de dificultades, especialmente si se enfrentan problemas de desplazamiento.

13. **Desafíos tecnológicos:** la rápida evolución tecnológica puede dificultar que las personas mayores se adapten a nuevas herramientas y dispositivos por su complejidad.

14. **Percepción de invisibilidad:** en algunos casos, las personas mayores pueden sentir que su voz y sus opiniones son ignoradas o menospreciadas.

15. **Desafíos en el cuidado de los padres:** la inversión

de roles, donde los hijos cuidan de sus padres ancianos, puede ser emocionalmente agotador.

16. **Dificultades laborales:** las personas de esta edad enfrentan dificultades laborales debido a que se sienten inseguras en el entorno por no poder seguir el ritmo de los cambios constantes. Muchas personas mayores sufren discriminación laboral por ello.

17. **Preocupaciones sobre el legado:** un número significativo de adultos mayores experimenta inquietud, ansiedad y reflexión profunda, por la herencia y el impacto de su huella en el mundo.

18. **Ausencia de espacios sociales:** la falta de lugares y ambientes adecuados para las personas de edad madura favorece la desconexión social, contribuye a la exclusión, la discriminación y afecta la salud mental.

19. **Cuestionamientos existenciales y percepción de la muerte:** reflexionar sobre el significado, la trascendencia y la finitud de la vida, se convierten en temas relevantes e inquietantes. A medida que se envejece, la muerte puede parecer más cercana y generar ansiedad sobre el futuro.

Los anteriores desafíos pueden variar de una persona a otra, pero son comunes en la segunda mitad de la vida. Todos estos factores, o la combinación de algunos de ellos, también puede ocasionar que quien está viviendo la madurez no logre encontrar sentido o propósito para su vida y eventualmente caiga en episodios de depresión.

Esperanza, es una mujer de mediana edad, profesional, con una maestría, amplios conocimientos en el sector de las finanzas y ha estado trabajando en la misma empresa durante los últimos 20 años. Recientemente la compañía anunció cambios en la estructura de la organización, debido a los cuales su posición será ocupada por una recién graduada y prescindirán de sus servicios. Esperanza se siente preocupada porque a sus 55 años piensa que su futuro laboral es incierto y considera que, debido a su hoja de vida, experiencia laboral y edad, no resulta atractiva para ser contratada por otras empresas del sector.

Andrés, es un empresario exitoso que ha estado al frente de su empresa durante décadas. Ya sus hijos están graduados de la universidad y se alejaron del hogar. Su esposa es apática; la menopausia le ha cambiado su estado de ánimo y su matrimonio ha perdido la chispa. A sus 60 años, producto de todo lo mencionado, ha perdido el impulso que exhibía en épocas anteriores y su motivación ha sido afectada tanto a nivel personal como profesional.

Laura, es una mujer de 52 años, madre soltera, que ha trabajado en empleos mal remunerados durante la mayor parte de su vida y ha estado siempre enfocada en crear un futuro para sus hijos. Ahora que ellos tienen sus propias vidas desea disfrutar y reconectar con algunos sueños de juventud que no pudo realizar. También desea mejorar su situación económica y obtener un trabajo que le brinde más satisfacciones.

Ricardo, cumplirá 74 años, y últimamente ha experimentado una serie de problemas de salud que han afectado su bienestar físico y emocional. El estilo de vida poco saludable y el exceso de estrés a lo largo de los años le están pasando factura, y aunque reconoce que le conviene implementar cambios, se muestra resistente a mejorar su alimentación, disminuir la ingesta de alcohol y practicar algún tipo de ejercicio.

Ana, está lidiando con sentimientos de frustración, pérdida y baja autoestima, producto de la ruptura de una relación matrimonial de 30 años. Además de estar deprimida, siente que ha perdido su identidad y la confianza en el porvenir. Se ha quedado sin metas; cree que tiene pocas posibilidades y que su futuro es incierto.

Miguel, se enfrenta a la vida después de la jubilación, a pesar de que estuvo esperando ese momento durante años. Ahora siente incertidumbre de cómo llenar su tiempo y lograr mantenerse activo. Él tiene 66 años y ha estado trabajando de manera ininterrumpida desde los 16. Además de trabajar, desarrolló pocos intereses y su vida social giraba alrededor del ambiente laboral; debido a eso le está resultando difícil mantener una mentalidad positiva y encontrar un nuevo propósito en la vida.

Héctor, a sus 59 años, está experimentando dificultades económicas y se siente atrapado en un ciclo de deudas, tiene pocas habilidades financieras y no sabe cómo salir de su situación de endeudamiento.

Milagros, ha pasado gran parte de su vida cuidando de sus hijos, su esposo y su hogar, descuidando su desarrollo personal. Ahora tiene 64 años, ha enviudado y sus hijos son independientes, por lo cual se enfrenta a una sensación de vacío. Aunque desea enfocarse en sí misma, encontrar nuevas pasiones y establecer metas personales, siente que no tiene fuerzas para hacerlo y no sabe cómo encontrar significado a esta nueva etapa de su vida.

Las anteriores son situaciones que pudiéramos encontrar en la edad madura. Sin embargo, este no es el fin. Mas bien ellas pueden abrir la mente, conectar con el corazón y elevar el espíritu para visualizar los regalos que hay en el horizonte.

VENTAJAS:

Es importante señalar que en la segunda mitad de la vida hay aspectos tan ventajosos y favorables que pueden conducir a un estado de bienestar, disfrute y plenitud, similar al experimentado entre los 18 y 25 años, pero con un plus: la persona puede tener un sentido de plenitud nunca experimentado.

Se pueden descubrir tesoros y recibir regalos que enriquecen la existencia. Sin embargo, no llegan automáticamente con el simple paso de los años; son el resultado de un compromiso activo con la mejora continua y un enfoque intencional hacia el crecimiento personal, que solo se obtiene en la segunda mitad de la vida.

Quienes tienen una actitud proactiva y la disposición de aprender y adaptarse, tienen acceso a dichos tesoros y regalos. Los más relevantes son:

1. **Sabiduría acumulada:** fruto de las experiencias vividas, lecciones aprendidas y la reflexión sobre los desafíos superados a lo largo de la vida. Implica un entendimiento profundo de la naturaleza humana,

la empatía, la toma de decisiones informadas y la capacidad de ver el panorama completo en diversas situaciones.

2. **Paz interior y serenidad:** implica una calma profunda y aceptación de la vida tal como es. Es encontrar la serenidad incluso en la adversidad y saber cómo manejar el estrés y las preocupaciones de manera equilibrada.

3. **Amor y relaciones duraderas:** las relaciones significativas son una fuente de felicidad y apoyo emocional. En esta etapa, se valora la calidad sobre la cantidad; cultivar vínculos auténticos basados en el amor, la confianza, la comprensión y el tiempo compartido.

4. **Gratitud y apreciación:** es la práctica de reconocer y valorar lo positivo en la vida, incluso los pequeños detalles. En esta etapa se aprecia cada día y se agradece por las bendiciones, las oportunidades y las experiencias vividas.

5. **Integración de la identidad:** proceso de aceptación y entendimiento profundo de uno mismo, incluyendo fortalezas, debilidades, valores y creencias. En esta etapa se valora la autenticidad y vivir de acuerdo con lo que uno realmente es.

6. **Tiempo para hobbies y pasiones**: dedicar tiempo a actividades que traen alegría y pasión, y que permiten

la expresión creativa y el disfrute personal. Pueden ser artes, música, deportes, lectura u otras aficiones que enriquezcan la vida cotidiana.

7. **Conexión con la naturaleza:** reconocer la belleza y la armonía de la naturaleza, pasando tiempo al aire libre y experimentando su poder sanador. Incluye caminatas, jardinería, observación de aves y otros contactos con la naturaleza.

8. **Desarrollo personal continuo:** compromiso de crecer intelectual, emocional y espiritualmente a través de la educación, la introspección y la exploración de nuevos intereses. Es un esfuerzo constante para mejorar y evolucionar como persona.

9. **Experiencia laboral y profesional:** con los años de trabajo y experiencia, se acumula un conjunto valioso de habilidades y conocimientos en el campo laboral, lo cual puede llevar a roles de liderazgo y contribuciones significativas al entorno laboral.

10. **Madurez espiritual:** a medida que se envejece, la espiritualidad adquiere un significado más profundo. La conexión con lo espiritual brinda paz interior, significado y un sentido de propósito en la vida.

11. **Autonomía y autorreflexión:** con la edad madura se adquiere una mayor autonomía y habilidad para reflexionar sobre la vida, tomar decisiones informadas y vivir de acuerdo con los valores y principios personales.

12. **Capacidad de adaptación:** la experiencia trae una perspectiva más amplia y la capacidad para adaptarse a los cambios y desafíos de la vida. La flexibilidad y la adaptabilidad se vuelven fundamentales para navegar por las distintas etapas.

13. **Estabilidad emocional:** si bien es cierto que la madurez emocional puede aumentar con la edad, también puede ser cultivada a través de prácticas conscientes como la autorreflexión, la gestión emocional y la terapia.

14. **Claridad en las metas y valores personales:** surge de la autoexploración, la reflexión y la alineación consciente de la vida con esas metas y valores.

Todos estos regalos están disponibles para las personas que transitan por la segunda mitad de la vida, siempre y cuando hayan creado las condiciones que permitan poder abrirlos y disfrutarlos.

Es importante comprender que las ventajas asociadas con la edad madura son posibles, pero no están garantizadas simplemente por estar viviendo esa etapa de la vida. En realidad, son resultados alcanzables para quienes trabajan conscientemente y crean las condiciones adecuadas para disfrutarlas. Esto implica adoptar una mentalidad proactiva y comprometida con el crecimiento y la mejora continua a lo largo de toda la vida.

La montaña, representa los desafíos superados, la fortaleza y la perspectiva ganada a través de los años.

La montaña, en su majestuosidad y desafío, llega como un símbolo de nuestro propio viaje a través de la vida. Representa no solo los obstáculos que enfrentamos, sino también la fortaleza interna que desarrollamos al superarlos. Evoca una travesía escarpada hacia las cimas más altas y la experiencia acumulada en las etapas posteriores de la vida. Se hace presente para recordarnos que cada ascenso y cada ruta tomada se han convertido en parte de nuestra historia personal. Ella hace homenaje a la resiliencia, y la belleza del proceso de lo que hemos logrado . Nos invita a contemplarla y tener presente que cada paso adelante, por muy arduo que sea, nos acerca a una comprensión más rica de nosotros mismos y del mundo que nos rodea. En la edad madura, las montañas que hemos escalado nos ofrecen una perspectiva que sólo puede ser lograda través de la experiencia vivida.

CAPÍTULO 2

LA REVOLUCIÓN DE LA LONGEVIDAD

Mientras avanzamos en el camino de la vida, nos encontramos con paisajes que antes eran impensables. Las montañas se yerguen majestuosas, pero ya no son imponentes barreras, sino desafíos emocionantes. Los precipicios que aparecen en nuestro trayecto ya no son simas insondables de miedo, sino oportunidades para contemplar la inmensidad desde el borde, confiando en las cuerdas y puentes que la sabiduría y la experiencia nos han brindado. Los ríos caudalosos que se atraviesan en el camino ya no nos detienen. Con el conocimiento adquirido, sabemos cómo cruzarlos o, en su defecto, disfrutar de su refrescante corriente.

Ya en la segunda mitad de la vida, no solo hemos aprendido a recorrer caminos más largos; también hemos adquirido las herramientas para hacerlo con firmeza y gracia. El paisaje, antes nublado y misterioso, ahora se revela en su esplendor, con colores más vivos y cielos más claros.

No estamos solos en este viaje. A nuestro lado, un abanico de recursos y aliados se despliega: las innovaciones del presente nos brindan nuevas perspectivas. Con cada paso, el camino se vuelve menos peligroso, más prometedor. Podemos ir con pasos más firmes, con la mirada amplia y el corazón lleno de esperanza, confiados en llegar al destino, satisfechos y agradecidos por el recorrido.

LA REVOLUCIÓN DE LA LONGEVIDAD:

Tal término se refiere al incremento significativo de la esperanza de vida en la población y el impacto que dicho fenómeno tiene en la sociedad. A medida que avanza la medicina, la tecnología y las condiciones de vida, es más posible que las personas vivan más años, lo que plantea nuevos desafíos económicos, sociales, filosóficos y de salud. Esta situación se ha producido gracias a varios factores:

- **Avances en la medicina y la salud:** los descubrimientos médicos, la mejora en la atención a la salud y la creciente comprensión de las enfermedades relacionadas con la edad, han contribuido a extender la esperanza de vida de la población. Tratamientos innovadores, terapias genéticas y enfoques preventivos están permitiendo que las personas vivan más tiempo y con mejor calidad.

- **Cambios en la estructura demográfica:** la revolución de la longevidad está dando paso a una población más envejecida en muchas partes del mundo, lo que implica desafíos en áreas como la planificación de la atención médica, la seguridad social y la economía en general. Las sociedades deben adaptarse a esta nueva estructura demográfica y encontrar formas de apoyar a este grupo más grande de personas mayores.

- **Enfoque en la salud y el bienestar:** se ha generado un enfoque creciente en mantener buena salud y bienestar en la edad avanzada. La adopción de un estilo de vida saludable, la atención preventiva, y el acceso a una nutrición adecuada y a la actividad física están siendo reconocidos como factores clave para un envejecimiento exitoso.

- **Redefinición de la vejez:** la revolución de la longevidad está desafiando la noción tradicional de lo que significa ser "viejo". Las personas mayores ahora tienen más oportunidades para continuar trabajando, aprender, viajar y explorar nuevos pasatiempos. Eso está redefiniendo la vejez como una etapa de la vida llena de posibilidades en lugar de limitaciones.

- **Desarrollo de tecnologías para la tercera edad:** este aspecto está desempeñando un papel muy importante en esta revolución. Las soluciones tecnológicas están siendo diseñadas para ayudar a las personas mayores a mantenerse conectadas, gestionar su salud, permanecer activas y participar en la sociedad.

- **Impacto en la economía y la sociedad:** a medida que la población envejece se producen cambios significativos en la fuerza laboral, la jubilación y el sistema de seguridad social. La revolución de la longevidad interrogantes sobre la financiación de las pensiones, la adaptación de las empresas y y el equilibrio de las necesidades de una población diversa en términos de edades.

- **Investigación en envejecimiento y salud:** la longevidad está impulsando investigaciones más profundas sobre el envejecimiento y las enfermedades relacionadas con la edad. Se están estudiando sus mecanismos biológicos y cómo pueden ser influenciados para mejorar la calidad de vida en esta etapa.

En el ámbito social, la revolución de la longevidad tiene implicaciones importantes en las relaciones intergeneracionales y en la estructura familiar, pues, está permitiendo que las personas mayores compartan sus historias, habilidades y sabiduría con las generaciones más jóvenes, lo que contribuye al enriquecimiento de la sociedad en su conjunto.

Este fenómeno también trae consigo otras oportunidades. Las personas mayores tienen una gran experiencia y conocimiento acumulado, lo que puede ser aprovechado para contribuir al desarrollo social y económico. Además, producto de esta han surgido industrias y sectores económicos específicos: la tecnología para el cuidado de la salud, los productos y servicios para la tercera edad, y el turismo para personas mayores.

En fin, la revolución de la longevidad está cambiando la forma en que vivimos, envejecemos y nos relacionamos con el concepto de vejez. Las personas tienen la oportunidad de vivir vidas más largas, saludables y productivas. No solo se trata de cumplir más años, sino de tener más calidad de vida.

La Nueva Longevidad:

De la mano con el concepto anterior, observamos que en las últimas décadas el mundo ha experimentado una transformación subjetiva en el campo de la salud y el bienestar. Los avances en biotecnología han llevado a un aumento sustancial en la esperanza de vida y han dado lugar a lo que se ha denominado "La nueva longevidad". Esta se refiere a la experiencia colectiva, por primera vez en la humanidad, referente a tener una larga vida. Dicho fenómeno plantea nuevos desafíos y oportunidades para las personas, ya que implica vivir más tiempo y de manera más activa.

Una de las acciones fundamentales para aprovechar "la nueva longevidad" es revisar el futuro, lo que implica una reflexión profunda sobre nuestros objetivos y deseos a medida que avanzamos en edad. Es importante replantearse qué queremos lograr en la vida y cómo podemos aprovechar al máximo el tiempo adicional que tenemos.

Encontrar nuevas razones para vivir es otra acción clave. A medida que pasamos más años en este mundo, nuestras prioridades y metas pueden cambiar, por lo tanto, es esencial buscar actividades, proyectos o relaciones que nos brinden satisfacción y sentido de propósito, como explorar nuevos intereses, buscar formas de contribuir a la sociedad o establecer metas personales.

De la misma manera, es esencial encontrar nuevas formas de vivir con entusiasmo y autonomía. Envejecer no tiene por qué significar el fin de la vitalidad y la independencia. Es necesario mantenerse activo física y mentalmente, buscando desafíos y aprendiendo cosas nuevas. También es fundamental alimentar una vida social rica, relaciones cercanas y encontrar formas de estar conectado con la comunidad.

Tener los aspectos financieros organizados es otra acción crucial. La longevidad puede implicar más años de vida, pero también mayores gastos médicos y necesidades financieras. Es importante planificar el futuro en términos económicos, asegurándose de tener suficientes recursos para sostener un nivel de vida adecuado.

En este aspecto, es conveniente pensar seriamente en la reconversión laboral. En lugar de retirarse por completo, muchas personas deciden buscar desafíos laborales o emprender proyectos propios. Esto no solo brinda una fuente adicional de ingresos, sino que también permite mantenerse activo, creativo y socialmente involucrado.

Seguir siendo personas activas y útiles que contribuyen con el desarrollo de la sociedad es una acción muy valiosa para aprovechar "la nueva longevidad". A medida que vivimos más tiempo, tenemos la oportunidad de compartir nuestros conocimientos, habilidades y experiencias con otros. Participar en actividades voluntarias, y enseñar o hacer trabajo comunitario, son formas efectivas de seguir siendo miembros útiles para la sociedad.

En síntesis, "la nueva longevidad" se refiere a la perspectiva actualizada sobre el envejecimiento y la longevidad que considera el aumento de la esperanza de vida y los cambios sociodemográficos que conlleva. Se caracteriza por reconocer que vivir más años implica una oportunidad para tener una vida plena y activa, en lugar de simplemente prolongar la vejez.

Hay algunas expresiones propias de una persona que no acepta **"la nueva longevidad"** y es necesario identificarlas para evitarlas:

1. *"Siento que ya he vivido todo lo que tenía que vivir. No veo cómo podría beneficiarme lo de 'la nueva longevidad'".*

2. *"Prefiero ignorar mi edad y seguir viviendo la vida. El envejecimiento de todas maneras es inevitable".*

3. *"La gente puede hablar todo lo que quiera sobre los avances médicos y la longevidad, pero yo no creo en eso. Prefiero lo conocido y evitar cualquier tipo de cambio".*

4. *"Me siento igual o mejor y no necesito que nadie me recuerde que estoy envejeciendo".*

La importancia de **"la nueva longevidad"** radica en que desafía los estereotipos y prejuicios asociados con la vejez, y promueve una visión más positiva y enriquecedora del envejecimiento. Además, tiene implicaciones en diversas áreas:

1. **Salud y bienestar:** pone el foco en la salud y el bienestar a lo largo de toda la vida. Promueve la adopción de estilos de vida saludables, la prevención de enfermedades y una atención integral a la salud física, mental y emocional.

2. **Participación social:** reconoce que las personas mayores tienen un papel activo en la sociedad y pueden

contribuir con su experiencia y conocimientos. Fomenta la participación en actividades sociales, políticas, culturales y comunitarias para evitar la exclusión social y promueve la integración intergeneracional.

3. **Empleo y reinvención profesional:** implica la necesidad de repensar el concepto tradicional del retiro. Anima a las personas mayores a seguir trabajando o emprender nuevas carreras, ya sea por motivos económicos, de autorrealización o para mantenerse socialmente activas.

4. **Vivienda y servicios:** plantea el desafío de adaptar la infraestructura y los servicios para satisfacer las necesidades de una población envejecida, como viviendas accesibles, amigables con las personas mayores y servicios de atención de calidad a largo plazo.

5. **Tecnología y envejecimiento activo:** destaca el papel de la tecnología en mejorar la calidad de vida de las personas mayores. Los avances tecnológicos, como los dispositivos inteligentes o las aplicaciones de salud, contribuyen a un envejecimiento más activo y autónomo.

Las expresiones propias de una persona que si acepta la nueva longevidad:

1. *"Es una oportunidad para seguir creciendo y explorando nuevas pasiones. Me permito disfrutar plenamente de cada momento y aprovechar al máximo esta etapa".*

2. *"Aunque tiendo a resistirme y siento miedo al cambio, me abro a nuevas experiencias y oportunidades. Estoy dispuesto a aprender y adaptarme a medida que avanzo en esta etapa de la vida".*

3. *"Acepto que la vida continúa más allá de los 50 años y estoy entusiasmado por formar parte de la nueva longevidad". "Estoy abierto a probar terapias innovadoras que puedan ayudarme a mantener la vitalidad y cuidar mi calidad de vida".*

Diego Bernardini, es un reconocido gerontólogo argentino y autor del libro: "La segunda mitad: un nuevo comienzo[1]". En su obra, aborda la temática de la nueva longevidad y propone un enfoque positivo y activo del envejecimiento.

Bernardini sostiene que la segunda mitad de la vida no debe ser vista como un período de declive o pasividad, sino como una etapa llena de oportunidades y desarrollo personal. Su enfoque se basa en promover una mentalidad positiva hacia el envejecimiento y el aprovechamiento de los recursos personales y sociales para vivir de manera plena y satisfactoria.

---

1   Diego Berardini (2019). "La segunda mitad". Editorial Aguilar

Sus postulados sobre la nueva longevidad buscan cambiar la percepción negativa y estereotipada sobre la vejez, promoviendo la valoración de la experiencia, el crecimiento personal y la autonomía en esta etapa de la vida. Además, destaca la necesidad de contar con políticas y programas que apoyen el envejecimiento activo y saludable.

Algunas personas pueden perder los beneficios de la nueva longevidad debido a la resistencia al cambio, la falta de adaptación o la negativa a buscar el apoyo necesario.

CASOS:

La principal excusa de Manuel, de 65 años, es la comodidad y la resistencia al cambio. Prefiere mantener sus hábitos actuales y no quiere hacer ningún esfuerzo adicional para adoptar un estilo de vida más saludable o aprovechar las oportunidades que le ofrece la nueva longevidad.

Ada, de 70 años, se excusa en la creencia de que la tecnología moderna es innecesaria y complicada. Su resistencia a aprender nuevas habilidades tecnológicas la ha alejado de conectar con otras personas y de disfrutar de las ventajas de la comunicación en línea.

La principal excusa de Ernesto, de 68 años, es el miedo al cambio y la negación a enfrentar su propia salud en declive. Prefiere evitar buscar ayuda profesional y enfrentar los desafíos que surgen en esta etapa de la vida, lo que limita su capacidad para disfrutar plenamente de la nueva longevidad.

LA NUEVA LONGEVIDAD DESCANSA EN SIETE PILARES Y CINCO ACCIONES PRIMORDIALES.

PILARES:

1. **La actividad física:** mantenerse activo es esencial para una vida larga y saludable. El ejercicio regular no solo mejora la salud cardiovascular y muscular, también tiene beneficios en la reducción del estrés, la mejoría del estado de ánimo y la salud mental.

2. **Una nutrición adecuada:** la alimentación equilibrada proporciona los nutrientes necesarios para el funcionamiento óptimo del cuerpo, contribuye a prevenir enfermedades crónicas y a mantener la vitalidad.

3. **Los vínculos emocionales:** las relaciones significativas son una fuente de bienestar. Mantener conexiones fuertes con amigos y seres queridos permite recibir el apoyo emocional que ayuda a superar desafíos.

4. **La capacidad de adaptación:** la vida está llena de cambios. Desarrollar la capacidad de adaptarnos a nuevas circunstancias y desafíos es crucial para mantenernos resilientes y evitar el estrés crónico.

5. **El aprendizaje permanente:** la mente es un órgano que debemos ejercitar constantemente. Aprender saberes nuevos como un nuevo idioma, una habilidad artística o un pasatiempo, ayuda a mantener el cerebro activo y previene el deterioro cognitivo. Al conocer algo nuevo, nuestro cerebro trabaja en la formación de conexiones neuronales, lo cual favorece o fortalece la capacidad de aprendizaje y mejora la memoria.

6. **La espiritualidad:** en la nueva longevidad, la espiritualidad desempeña un papel fundamental en darle sentido a la existencia y conectar con la búsqueda de significado y conexión con algo más grande que uno mismo.

7. **Tener un plan de vida:** tener metas y un propósito en la vida proporciona dirección y motivación. Un plan de vida claro nos ayuda a enfocarnos en lo que realmente importa y a tomar decisiones alineadas con nuestros valores y objetivos.

Vivir la nueva longevidad nos permite seguir en la fiesta de la vida y al mismo tiempo redirigirnos hacia la sabiduría que obtenemos con la edad.

ACCIONES:

1. Revisar la manera en que enfocamos nuestro futuro. Es necesario encontrar nuevas razones para continuar en la vida.

2. Identificar formas de vivir con entusiasmo y autonomía.

3. Tener los aspectos financieros organizados y descubrir cómo seguir siendo productivos.

4. Pensar seriamente en la reconversión laboral.

5. Seguir siendo personas activas y útiles que contribuyen con el desarrollo de la sociedad.

Yvelisse, de 50 años, está enfocada en crear un nuevo plan de vida: "Después de dejar mi trabajo, decidí aprovechar esta segunda mitad de la vida para perseguir mis pasiones y explorar nuevos caminos. Ahora me dedico a crear arte y he abierto una pequeña tienda en línea. Estoy feliz por la oportunidad de reinventarme y vivir una vida llena de creatividad y satisfacción".

José, de 55 años, está enfocando su futuro: "Después de una crisis personal, decidí que deseo tener una vida más significativa. Me estoy enfocando en mejorar mi bienestar emocional y en fortalecer mis relaciones personales. He ido aprendiendo a establecer límites saludables y a buscar el equilibrio en mi vida. Me siento comprometido con construir un futuro más feliz y auténtico".

Karina, de 60 años, está enfocada en organizar sus finanzas: "Después de décadas de trabajar y criar a mis hijos, me di cuenta de que no tengo un plan financiero sólido para mi jubilación. Estoy dedicando tiempo a educarme financieramente y a establecer un fondo de emergencia. Mi lema ahora es 'preparación financiera, para un futuro tranquilo'".

Carlos, de 65 años, está pensando seriamente en la reconversión laboral: "Aunque estoy cerca de la edad de jubilación, siento que todavía tengo mucho para dar. Estoy considerando cambiar de carrera o iniciar mi propio negocio. Mi frase personal: 'es hora de reinventarse y aprovechar al máximo mis habilidades y experiencia'".

Julia, de 70 años, busca nuevas razones para vivir: "Después de enfrentar varias pérdidas y desafíos, estoy buscando una nueva perspectiva y propósito. Me estoy enfocando en cuidar mi salud física y mental, y en encontrar actividades que me traigan alegría y satisfacción. Mi frase personal: 'encontrando nuevas razones para vivir cada día y disfrutar de las pequeñas cosas de la vida'".

Propuestas para disfrutar la nueva longevidad:

Gracias a la nueva longevidad y su perspectiva constructivista, hoy en día existen nuevas formas de percibir la segunda mitad de la vida. La generación silver, los años dorados, las filosofías atemporal y perennial, son nuevas formas de pensar sobre cómo queremos vivir el resto de nuestras vidas.

Silver, Dorados, Atemporales y Perennials:

"La generación **silver**" se refiere a las personas mayores que están aprovechando al máximo su tiempo de jubilación y están activas tanto física como mentalmente. Son personas dinámicas, que buscan nuevas experiencias, desarrollan hobbies, viajan, participan en actividades sociales y se mantienen comprometidas con la comunidad. Esta generación valora la calidad de vida y el bienestar.

La generación Silver se refiere a las personas mayores que mantienen un estilo de vida activo y productivo. Son personas dinámicas involucradas en proyectos personales y profesionales. Buscan constantemente nuevas oportunidades para crecer y desarrollarse. Esta generación se caracteriza por ser tecnológicamente adeptos, interesados en la innovación. También valoran la calidad de vida y bienestar.Por su parte, **"Los años dorados"** hace referencia a la etapa de la vida después de la jubilación, cuando se espera que las personas disfruten de mayor libertad y tiempo para dedicarse a actividades que les brinden satisfacción y felicidad. En ese tiempo las personas pueden buscar la realización de metas postergadas, el cultivo de nuevas aficiones, tiempo de calidad con la familia y amigos o disfrutar del ocio y la exploración.

Ahora, el término **"atemporales"** se utiliza para describir a las personas en la edad madura que siguen experimentando y participando activamente en la sociedad, sin dejarse limitar por las barreras generacionales o las convenciones sociales. Son aquellos que no se sienten pertenecientes exclusivamente a una generación y eligen vivir una vida plena y en constante aprendizaje, combinando lo mejor de todas las épocas y mostrando una actitud abierta y flexible hacia el cambio.

Por último, los **"perennials"** son los que mantienen una actitud vital y un sentido de propósito a lo largo de toda su vida, desafiando los estereotipos y limitaciones asociadas con la vejez. No se definen ni se quedan estancadas por la edad, y siguen siendo activos, creativos y comprometidos con proyectos y actividades que les apasionan. Los **"perennials"** también buscan proyectar un legado, compartir su sabiduría y contribuir a la sociedad de manera significativa. En el último capítulo ahondaré en este término.

En relación con la nueva longevidad, estos términos reflejan la idea de que las personas mayores de hoy viven una etapa de vida más prolongada y llena de oportunidades. Además, fomentan una visión positiva y activa del envejecimiento, promoviendo la participación, la autonomía y la realización personal en este período.

Al reconocer y valorar la diversidad de experiencias y capacidades de las personas mayores, se busca desafiar los estereotipos negativos asociados con la vejez y construir una sociedad más inclusiva y un envejecimiento activo.

Veamos ejemplos de personas a quienes la nueva longevidad les ha brindado la oportunidad de explorar nuevos intereses, cumplir sueños postergados y mantenerse comprometidos con la vida.

Daniela, de 67 años, decidió tomar clases de pintura una vez se retiró de su carrera profesional. Descubrió una pasión que nunca antes había explorado y ahora pasa su tiempo libre creando hermosas obras de arte. La nueva longevidad le ha brindado la oportunidad de descubrir y desarrollar una faceta de sí misma que no conocía y eso ha llenado su vida de creatividad y alegría.

Víctor, de 72 años, después de trabajar duro y criar a su familia, decidió que era el momento perfecto para cumplir su sueño de viajar y experimentar nuevas culturas. Ha visitado países que solo podía imaginar, conectando con personas de todo el mundo y creando recuerdos inolvidables en esta etapa de su vida.

Gloria, de 65 años, decidió retomar sus estudios una vez que sus hijos se independizaron. Se inscribió en un programa universitario y obtuvo su título en psicología. Gracias a la nueva longevidad ha podido seguir aprendiendo, crecer intelectualmente y abrir nuevas puertas profesionales. Se siente empoderada y llena de energía mientras contribuye al campo por el que siempre ha sentido una profunda pasión.

Hemos tenido un progreso extraordinario en nuestra capacidad para extender la vida humana, y como este ha sido impulsado y moldeado por los avances de la ciencia, la tecnología y las estructuras sociales. En el siguiente capítulo nos enfocaremos en explorar las diversas perspectivas sobre el envejecimiento. Cada perspectiva arrojará luz sobre las distintas formas de vivir la experiencia de envejecer y esto, a su vez nos lleva a los temas de innovación, adaptación y cambio que han caracterizado a la revolución de la longevidad.

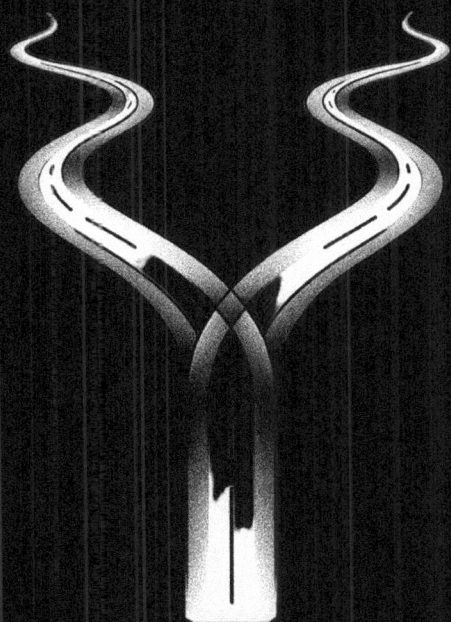

Frente a los caminos que se bifurcan, llevemos nuestra sabiduría como la brújula que nos guía, sabiendo que cada elección es una oportunidad para crecer.

El CRUCE DE CAMINOS es un símbolo de las elecciones que nos toca hacer y como cada decisión que tomamos es una oportunidad para explorar nuevas formas de existencia, de reafirmar nuestra identidad y de enriquecer nuestra comprensión del mundo . Se hace presente en esta ocasión para invitarnos a abrazar las bifurcaciones del camino con optimismo y valentía, recordándonos que cada elección es una celebración de la vida y una afirmación de nuestra capacidad para moldear nuestro destino, sin importar la etapa de la vida en la que nos encontremos.

CAPÍTULO 3

PERSPECTIVAS DEL ENVEJECIMIENTO

ENFOQUES DIFERENTES EN EL CAMINAR DE LA VIDA:

En el gran viaje de la vida, las personas se embarcan en caminos similares, pero sus miradas al horizonte son distintas y esas perspectivas definen el curso de sus experiencias. Algunos viajeros caminan con la ilusión de que el sol siempre brillará y el viento soplará a su favor. Avanzan sin miedo, descalzos y con una risa despreocupada, convencidos de que las flores se abrirán a su paso y ningún obstáculo los detendrá. Sin embargo, su falta de precaución los lleva a caer en trampas ocultas, a tropezar con piedras imprevistas, a entrar en terrenos pantanosos y luego no saben cómo salir. Aunque su optimismo los impulsó, su ingenuidad los llevó a actuar de manera irresponsable.

También viajan quienes con miradas cautelosas recorren el camino temiendo cada sombra y sospechando de cada ruido. Estos caminantes avanzan lentamente, llevan pesadas armaduras y siempre están en guardia contra las amenazas reales e imaginarias que acechan en cada rincón. Si bien su cautela puede protegerlos de algunos peligros, les roba la oportunidad de disfrutar de las maravillas y las alegrías que el sendero ofrece.

Hay otros que caminan aceptando lo que viene, sin aspirar a más. Ven los peligros y los atractivos que van apareciendo, pero creen que su destino ya está escrito, que su ruta está trazada y que poco pueden hacer para cambiarla. Su conformismo les impide enfrentar adversidades, buscar vías más expeditas o alcanzar cúspides más altas que solo requieren un poco de esfuerzo y valentía.

Por último, están los viajeros que combinan la esperanza con la sabiduría. Avanzan con optimismo, pero siempre están atentos. Reconocen los desafíos y procuran identificar las amenazas; se protegen de las tormentas y disfrutan de los días soleados y las noches plenilunio. Llevan herramientas para construir puentes y ungüentos para curar heridas. Estos son los viajeros que, sin importar lo que el camino les depare, encuentran la manera de aprender, crecer y disfrutar el viaje.

En este viaje que es la vida, cada uno elige cómo ver el camino que se despliega ante sí. La elección de la perspectiva es, en última instancia, lo que define la calidad y el destino de nuestro viaje.

La segunda mitad de la vida es un territorio que cada uno explora a su manera. La forma como se enfrenta esta etapa influye en la calidad de vida, en las relaciones y en el sentido de satisfacción personal. Así que, antes de profundizar en el tema de la edad madura es esencial entender las diferentes perspectivas y cómo pueden moldear nuestras experiencias, elecciones y miradas de este viaje que llamamos vida.

PERSPECTIVA CULTURAL DEL ENVEJECIMIENTO

Una perspectiva culturalmente informada del envejecimiento, implica comprender este proceso desde una mirada que integra los aspectos sociales, culturales y económicos que moldean la experiencia de las personas mayores. Esto implica reconocer que el envejecimiento no ocurre en un vacío, sino que está profundamente influenciado por las estructuras sociales, las normas culturales y las políticas públicas, así como por la forma en que una sociedad valora y trata a sus personas mayores. Los valores culturales influyen en la percepción de la vejez, el respeto hacia los ancianos, la importancia de la familia y las tradiciones culturales relacionadas con el envejecimiento.

Diversidad cultural en el trato a la longevidad

El envejecimiento es una experiencia universal, pero la manera en que las diferentes culturas lo abordan puede variar significativamente debido a factores como las tradiciones, las creencias religiosas, los valores culturales y las estructuras sociales. Aquí se presentan algunos indicadores de cómo diversas culturas enfrentan el envejecimiento:

1. **Respeto y valoración:** en algunas culturas, los ancianos son considerados como portadores de sabiduría y experiencia. Se les trata con respeto y admiración por su contribución a la comunidad y su conocimiento acumulado.

2. **Participación comunitaria activa:** se fomenta que los ancianos participen activamente en la vida comunitaria, tanto en la toma de decisiones como en actividades cotidianas. Se valora su experiencia en la resolución de problemas y su papel en el tejido social.

3. **Sistemas de apoyo:** las culturas que valoran a sus ancianos suelen tener mecanismos para brindarles atención y apoyo, ya sea a través de la familia extendida, programas gubernamentales o instituciones especializadas.

4. **Celebración de la longevidad:** en algunas sociedades, alcanzar la vejez es motivo de celebración y se reconocen públicamente los logros y contribuciones de los ancianos a la comunidad.

5. **Transmisión intergeneracional de conocimientos:** se promueve la transferencia de conocimientos y tradiciones de generación en generación, donde los ancianos desempeñan un papel crucial en la transmisión de valores y sabiduría a las generaciones más jóvenes.

6. **Ceremonias de reconocimiento:** algunas culturas tienen ceremonias específicas para honrar a los ancianos, destacando sus logros y contribuciones a lo largo de su vida.

7. **Espacios y actividades dedicados:** se diseñan espacios y actividades específicamente destinados a satisfacer las necesidades y preferencias de los ancianos, con el objetivo de promover su bienestar físico y emocional.

Estos son solo algunos ejemplos de cómo las diversas culturas pueden abordar el envejecimiento de manera distinta, reflejando la riqueza y diversidad de las perspectivas.

Aika, es una mujer de 85 años, que vive en Okinawa, Japón, y es muy respetada y valorada por su comunidad. A pesar de su edad, continúa participando activamente en la vida comunitaria y es consultada regularmente por su sabiduría y consejos. Aika lidera un grupo de tejido donde enseña a las generaciones más jóvenes las técnicas tradicionales y comparte historias de su juventud. También es invitada a dar charlas en escuelas locales sobre su experiencia de vida. La comunidad de Okinawa considera que Aika es un tesoro viviente y se esfuerzan por cuidarla y asegurarse de que viva plena y felizmente.

Giulia, una mujer de 75 años, que vive en Sardinia, Italia, es considerada una matriarca en su comunidad. Se le consulta regularmente para tomar decisiones importantes y su sabiduría es altamente valorada. Giulia lidera un grupo de danza tradicional en el que enseña a jóvenes y adultos las tradiciones culturales de la región. Su energía y vitalidad son de gran inspiración y todos la ven como un ejemplo de envejecimiento saludable y activo.

Haruki, un hombre de 90 años, que vive en Japón, es ampliamente respetado y considerado un tesoro viviente en su comunidad. Ellos valoran su longevidad y experiencia acumulada a lo largo de los años. Haruki es buscado para asesorar sobre decisiones importantes y se le otorga un papel de liderazgo allí. También es invitado a contar sus historias y experiencias en las escuelas locales, donde los jóvenes aprenden de su sabiduría y conocimientos.

Isabella, una mujer de 80 años, que vive en una zona rural de Italia, es considerada una matriarca respetada. Su comunidad valora su longevidad y las tradiciones que ha transmitido a través de las generaciones. Isabella es consultada para consejos sobre agricultura y cocina tradicional, y es reconocida como una guardiana de la cultura local. Su experiencia y sabiduría son altamente valoradas y le brindan un estatus especial en su sociedad.

Alejandro, un hombre de 75 años, que reside en un resguardo indígena en México, es valorado por su papel como anciano sabio. Su comunidad le otorga un respeto especial y lo consultan para asuntos relacionados con la tradición, la historia y las costumbres ancestrales. Él tiene un papel activo en la toma de decisiones comunitarias y se le considera una fuente invaluable de conocimiento y experiencia.

Sita, una mujer de 85 años, que vive en una pequeña aldea en Nepal, es reverenciada como una figura sabia y respetada. Su comunidad valora su longevidad y la ven como un símbolo de conexión con generaciones pasadas. Sita es buscada para dar consejos y ofrecer palabras de sabiduría en momentos de dificultad. Su presencia y capacidad para mantener viva la cultura y las tradiciones de la comunidad son altamente apreciadas y reconocidas.

Matías, un hombre de 80 años, que vive en una población rural de Costa Rica, es considerado un líder respetado y admirado. Su comunidad valora su longevidad y experiencia en la agricultura sostenible. Matías es consultado para enseñar y transmitir sus conocimientos sobre técnicas agrícolas tradicionales a las generaciones más jóvenes. Su papel es esencial para garantizar la seguridad alimentaria y el bienestar de ellos.

Elsa, una mujer de 70 años, que vive en una pequeña ciudad de Suecia, es valorada por su longevidad y contribuciones en el ámbito cultural. Elsa ha sido una destacada artista y escritora a lo largo de su vida, y su comunidad la considera un tesoro cultural. Su presencia y su capacidad para compartir su talento y experiencia en talleres y exposiciones son altamente apreciadas en su sociedad.

En algunas culturas, se rinde culto a la juventud, la cual se valora sobremanera en términos de estética, productividad y relevancia social, relegando a las personas mayores a un segundo plano y disminuyendo su visibilidad y reconocimiento.

INDICADORES DE LAS CULTURAS QUE NO VALORAN EL ENVEJECIMIENTO:

1. **Marginalización y discriminación:** las personas mayores pueden enfrentar exclusión social en diversos ámbitos, como el empleo, la atención médica y la participación en la sociedad, debido a prejuicios relacionados con la edad y estereotipos negativos.

2. **Falta de apoyo social y económico:** la sociedad puede carecer de sistemas adecuados de apoyo y cuidado para los ancianos, lo que puede resultar en negligencia.

3. **Abandono familiar y desinterés:** falta de aprecio y consideración hacia los ancianos, por el descuido y el abandono de estos por parte de familiares y cuidadores.

4. **Maltrato y abuso:** la presencia de maltrato físico, emocional, verbal o financiero hacia los ancianos, indica falta de respeto y valoración de su dignidad.

5. **Desconexión intergeneracional:** existe una brecha generacional importante en cuanto a comunicación, entendimiento y apreciación mutua entre los ancianos y las generaciones más jóvenes, lo que limita la transmisión efectiva de conocimientos y tradiciones.

6. **Falta de inclusión en decisiones trascendentales:** las personas mayores son excluidas de la toma de decisiones relevantes, lo que refleja una

falta de reconocimiento y valoración de su experiencia. Generalmente su opinión no es considerada en la formulación de políticas y programas importantes.

7.

William, un hombre de 70 años, que vive en Estados Unidos, siente que su edad es un obstáculo en su búsqueda de empleo. A pesar de tener amplia experiencia en su campo, se enfrenta a la discriminación laboral debido a su edad. Las empresas dan preferencia a candidatos más jóvenes, alegando que son más productivos y adaptables. William se siente infravalorado y excluido del ámbito laboral, a pesar de su voluntad de seguir contribuyendo con su experiencia y habilidades.

Ethan, un hombre de 65 años, que vive en Seúl, Corea del Sur, siente que se enfrenta a una presión constante para mantenerse joven y productivo. La cultura coreana tiene un gran énfasis en la apariencia física y la competitividad laboral. Ethan se encuentra luchando contra la presión de encajar en los estándares de belleza juvenil y la obsesión por la productividad.

Ingrid, una mujer de 70 años, que vive en Los Ángeles, Estados Unidos, se enfrenta a un estigma social debido a su edad. La cultura estadounidense tiende a glorificar la juventud y la belleza, lo que lleva a la marginalización de los ancianos. Ingrid se siente invisible, pues se le excluye de muchas oportunidades y espacios sociales debido a su edad. A pesar de mantenerse activa y saludable, lucha por recibir el reconocimiento y respeto que merece por su trayectoria de vida.

Ravi, un hombre de 60 años que, vive en Mumbai, India, se enfrenta a desafíos debido a una cultura que enfatiza la productividad y la juventud. En su sociedad, se espera que los individuos sean productivos y estén en constante movimiento. Ravi se siente excluido y menospreciado debido a su edad. A pesar de su experiencia y sabiduría acumulada, a menudo se le ignora o relega a trabajos mal remunerados y poco gratificantes.

Alejandro, un hombre de 70 años, que vive en Ciudad de México, México, experimenta una sociedad que no valora el envejecimiento. En la cultura mexicana, hay una fuerte presión por mantenerse activo y productivo, lo que puede llevar a la marginación de los ancianos. Alejandro se siente excluido y menospreciado por su edad. A pesar de su experiencia y conocimientos, enfrenta dificultades para encontrar un empleo y se le percibe como irrelevante en la cultura. Además, por la actitud cultural de menosprecio a los ancianos, está expuesto a que le falten al respeto y no valoren sus contribuciones.

Guillermo, un hombre de 80 años, que vive en una comunidad rural de América Latina, se siente excluido debido a la falta de acceso a servicios básicos. La falta de infraestructura adecuada, como caminos, transporte y atención médica, dificulta la movilidad y el bienestar de los ancianos en su área. Guillermo se enfrenta a una falta de atención médica adecuada y aislamiento social por esta exclusión estructural.

Carmen, una mujer de 70 años, que vive en una metrópoli en Europa, experimenta la exclusión social debido a la soledad y el aislamiento. Carmen perdió a su esposo hace algunos años y sus hijos se han mudado a otras ciudades. A pesar de intentar participar en actividades sociales y comunitarias, se siente ignorada y aislada. La falta de una red de apoyo y la ausencia de relaciones significativas contribuyen a su exclusión y a una sensación de abandono.

Perspectiva filosófica:

La perspectiva filosófica del envejecimiento se orienta a reflexionar sobre aspectos existenciales, tales como el significado de la vida y la forma de abordarla, sabiendo que la muerte es inevitable. Los aspectos éticos se centran en el respeto a los mayores, su autonomía y el derecho a envejecer con dignidad.

Tres perspectivas filosóficas que nos permitirán entender el envejecimiento como una realidad inevitable y enriquecer nuestra apreciación y experiencia sobre esta etapa son el objetivismo, el constructivismo y el subjetivismo.

El Objetivismo: sostiene que existe una realidad que es independiente de las interpretaciones individuales y por tanto, no depende de nuestro control o influencia. Desde esta visión, la vejez es un proceso biológico inevitable que conlleva el deterioro de funciones físicas y mentales, y es crucial abordarlo desde la medicina y la biotecnología para mejorar la calidad de vida.

Siendo así, el objetivismo nos ayuda a comprender el envejecimiento desde una perspectiva más universal, considerando los cambios físicos, sociales y psicológicos que ocurren en esta etapa de la vida. Nos proporciona una base sólida para abordar los aspectos biológicos y sociales del envejecimiento, y cómo influyen en nuestra calidad de vida.

"Mi objetivo es mantener mi salud, funcionalidad física y cognitiva por medio de un estilo de vida saludable y consultas médicas regulares; creo en la importancia de la ciencia y la medicina para ayudarme a enfrentar estos cambios inevitables". Roberta de 70 años.

El subjetivismo: desde esta perspectiva, la conducta de las personas está influenciada por las normas de comportamiento y los valores de su entorno social; lo que se considera "viejo" y las expectativas sobre el envejecimiento pueden variar significativamente según la cultura. Una conducta que es considerada apropiada en una sociedad, puede ser vista como inapropiada en otra.

"Viniendo de una cultura que valora la experiencia y sabiduría de los ancianos, veo la vejez como una etapa respetable de la vida. En mi comunidad, los mayores son reverenciados por su conocimiento y su contribución a la familia y la sociedad en general". Sebastián, 65 años.

El subjetivismo nos recuerda la importancia de reconocer y respetar las experiencias y percepciones individuales del envejecimiento. Cada persona tiene su propia voz y forma de vivir y disfrutar esta etapa. Al tomar en cuenta las perspectivas subjetivas, podemos comprender mejor las necesidades emocionales, los valores personales y las oportunidades de autorrealización de cada individuo.

El constructivismo: plantea que la realidad es algo moldeable y flexible y que las personas tienen la capacidad de construir y reconstruir sus interpretaciones a lo largo del tiempo. Desde el constructivismo, la vejez es una etapa de la vida en la que las personas pueden reinterpretar sus propias identidades y encontrar nuevos significados. Cómo se enfrenta y se experimenta la vejez, depende de las interacciones individuales y sociales, así como de las elecciones personales.

"No veo la vejez como una etapa de declive, sino como una oportunidad para aprender y crecer. Estoy agradecido por todo lo que he vivido y estoy emocionado por lo que aún tengo por descubrir en esta etapa de mi vida". Tomás, 78 años.

Por otro lado, el constructivismo nos invita a explorar el envejecimiento como un proceso altamente individual y subjetivo. Cada persona construye su propia realidad del envejecimiento a través de sus experiencias, interacciones e interpretaciones personales. El constructivismo nos permite apreciar las diferencias individuales y cómo cada uno puede encontrar significado y crecimiento personal en la segunda mitad de la vida.

En conjunto, estas tres perspectivas filosóficas nos ofrecen un marco integral para entender el envejecimiento y cómo disfrutar de esta etapa. Comprender que hay aspectos del envejecimiento que definitivamente no podemos cambiar y otros que están influenciados por el contexto cultural en que vivimos. Sin embargo, el énfasis de este libro está en adoptar una perspectiva constructivista.

Tener una perspectiva constructivista en la edad madura de la vida facilita el objetivo principal de este libro: disfrutar a medida que vamos cumpliendo años. Las razones son las siguientes:

1. **Ofrece una visión positiva del envejecimiento:** en lugar de enfatizar las limitaciones y pérdidas, este enfoque reconoce los aspectos positivos y enriquecedores, valora la experiencia acumulada, así como la sabiduría y el potencial para seguir aprendiendo y desarrollándose.

2. **Fomenta el aprendizaje y la adaptación continua:** destaca que el aprendizaje no tiene límites de edad. Las personas pueden adquirir conocimientos, desarrollar habilidades y adaptarse a los cambios del entorno a lo largo de la vida.

3. **Motiva la construcción de nuevas identidades:** en lugar de aferrarnos a como éramos en el pasado, el enfoque constructivista nos alienta a construir nuevas identidades que reflejen la actual etapa de nuestra vida. Valora la capacidad de redefinirse y encontrar significado en nuevas experiencias y roles.

4. **Da relevancia a la resiliencia y a la superación:** este enfoque valora la capacidad de enfrentar y adaptarse a cambios físicos, sociales y emocionales, y encontrar formas de seguir adelante con una actitud positiva.

5. **Mejora la calidad de vida:** permite reconocer que la vida continúa siendo significativa y llena de oportunidades, lo cual hace posible disfrutar de mayor satisfacción y alegría en las experiencias diarias.

6. **Promueve el desarrollo personal y la autorrealización:** ayuda a las personas a sentirse capaces de identificar sus propias metas y objetivos personales, así como a dar los pasos necesarios para lograrlos.

7. **Fomenta la participación social y comunitaria:** brinda un sentido de pertenencia y apoyo emocional gracias a la interacción social y ser parte activa de la comunidad.

Desde la perspectiva psicológica, el enfoque del envejecimiento está dirigido a comprender los aspectos emocionales, cognitivos, sociales y conductuales presentes en la longevidad, y cómo desarrollar estrategias para llevar una vida enriquecedora y saludable hasta el final. Ambas perspectivas contribuyen a una visión más completa del envejecimiento y sus implicaciones en la sociedad y en la experiencia humana.

AUTOPERCEPCIÓN, LENGUAJE Y MIRADAS HACIA LA LONGEVIDAD:

La autopercepción del envejecimiento cambia a lo largo de la segunda mitad de la vida. En las primeras etapas, muchas personas experimentan una disonancia entre la percepción interna de sí mismas y las expectativas culturales sobre el envejecimiento.

Los estudios sobre el tema han demostrado que una autopercepción negativa del envejecimiento se asocia con un mayor riesgo de depresión, ansiedad y problemas de salud física. Por el contrario, una autopercepción positiva del envejecimiento se ha relacionado con una mejor salud mental, satisfacción con la vida y un compromiso más fuerte con comportamientos saludables como el ejercicio regular y una dieta equilibrada. La autopercepción del envejecimiento tiene importantes implicaciones para la salud y el bienestar en la segunda mitad de la vida.

La autopercepción del envejecimiento también influye en la forma en que las personas abordan los desafíos y oportunidades a medida que van cumpliendo años. Quienes tienen una autopercepción positiva del envejecimiento, pueden estar más motivados para mantenerse activos, buscar nuevas metas y participar en actividades sociales, lo que contribuye a un envejecimiento exitoso.

LA PALABRA PROHIBIDA:

La relación entre la percepción interna y el lenguaje es fundamental para nuestra comprensión del mundo. Los lingüistas y psicólogos han demostrado que las palabras que utilizamos para describir situaciones o conceptos pueden afectar la forma en como los percibimos. Por tanto, el lenguaje es el vehículo para reflejar lo que pensamos y lo que sentimos. El lenguaje tiene un poder profundo para modelar nuestras percepciones y creencias. Decir envejecer se asocia con imágenes de declive físico, disminución de la vitalidad y pérdida de oportunidades. La palabra envejecer, aunque aparentemente inocente, lleva consigo una carga negativa y puede influir en cómo nos vemos y cómo enfrentamos los cambios inevitables que surgen a medida que avanzamos en edad.

En vista de lo anterior, considero necesaria la búsqueda de una palabra sustituta para el término "envejecer" que refleje el proceso de cumplir años y madurar con una actitud más optimista. La idea es que tal palabra sea transformada en un término relacionado con una expresión de empoderamiento. Invito al lector a trabajar conmigo para cambiar la connotación de vejez a través de un cambio del lenguaje y así desafiar las narrativas negativas que nos rodean.

DIÁLOGOS INTERNOS SOBRE EL ENVEJECIMIENTO:

La relación entre cómo pensamos y cómo actuamos es fundamental en la psicología y en nuestra vida cotidiana. Esta relación se puede resumir en la siguiente frase: *"Los pensamientos influyen en las acciones y las acciones, a su vez, influyen en los pensamientos".*

Un diálogo interno es la forma en que nos hablamos a nosotros mismos y le damos significado a las experiencias que vivimos. Esta conversación puede ser consciente o inconsciente e influye en nuestros estados de ánimo, conductas y percepciones del mundo que nos rodea. Tiene un impacto directo en nuestra autoestima, bienestar emocional y calidad de vida.

Ya no puedo hacer lo que solía": este diálogo interno negativo refuerza la creencia de que el envejecimiento trae consigo disminución de habilidades físicas y limitaciones en la capacidad de realizar actividades que antes eran cotidianas. Tal mentalidad puede generar sentimientos de frustración, impotencia y limitación.

"Ya no soy atractivo": mediante esta conversación íntima se enfoca en la percepción de una pérdida de atractivo físico a medida que se envejece. Puede llevar a la creencia de que la belleza y la juventud son elementos indispensables para sentirse valorado o deseado. Estos pensamientos pueden afectar negativamente la autoestima y la confianza en sí mismo.

"Soy una carga para los demás": se basa en la creencia de que a medida que envejecemos nos volvemos dependientes y una carga para otros. Puede generar sentimientos de inutilidad, aislamiento social y falta de propósito. Estos pensamientos pueden llevar a la autoflagelación y a limitar las oportunidades de participar activamente en la sociedad.

Al etiquetarnos como "envejecientes" nos arriesgamos a limitar nuestra visión sobre lo que podemos lograr en la segunda mitad de la vida. Mi propuesta con respeto a la longevidad, es que en lugar de pensar: "soy viejo", lo sustituyamos por "soy atemporal". Este simple ajuste lingüístico genera un proceso interior que nos empodera, ya que desafía el estatus quo y transforma los diálogos internos limitantes en potenciadores

"Cada día adquiero más sabiduría y experiencia": este diálogo interno potenciador se centra en reconocer el valor de la madurez y la acumulación de conocimientos a lo largo de los años. Implica creer que el envejecimiento nos brinda una perspectiva única y valiosa sobre la vida y nos permite tomar decisiones con mejor información.

"Me amo y me acepto a mí mismo tal como soy": este diálogo interno potenciador, se basa en la autocompasión y el amor propio. Reconoce que el envejecimiento es un proceso natural y que merecemos amor y aceptación incondicionales en todas las etapas de la vida.

"Tengo el poder de reinventarme y seguir creciendo": este diálogo interno potenciador enfatiza la capacidad de adaptación y crecimiento personal en el proceso de envejecimiento. Nos hace conscientes de que siempre tenemos la oportunidad de explorar nuevas pasiones, aprender habilidades y encontrar fuentes de felicidad y propósito en la vida.

Estos diálogos internos potenciadores nos ayudan a fomentar una actitud positiva y optimista hacia el envejecimiento. Nos permiten reconocer y valorar nuestras fortalezas, aprovechar al máximo nuestras experiencias y mantener una mentalidad de crecimiento en todas las etapas de la vida. Recordar estos pensamientos y creencias positivas fortalece la autoestima, la autoconfianza y el bienestar emocional a medida que enfrentamos los desafíos propios del envejecimiento.

DIFERENTES MIRADAS SOBRE EL ENVEJECIMIENTO:

Una mirada se refiere a la acción de observar o ver algo. Podemos decir que la mirada es el punto de partida; es el acto físico de dirigir la vista hacia algo; y el resultado de esa acción es la perspectiva. Por lo tanto, nuestra mirada es la base de una perspectiva que determina cómo interpretamos y comprendemos lo que vemos, dándole un significado único y personal a nuestra observación. Tener una mirada sobre una situación define como una persona la interpreta o la analiza, lo cual a su vez influye en sus acciones.

Las diferentes miradas sobre el envejecimiento y la segunda mitad de la vida reflejan las actitudes que la sociedad y los individuos tienen al respecto. A partir de los 50 años, las personas pueden ser vistas de maneras distintas: como fuentes de sabiduría, como contribuyentes activos, como personas en declive o como una carga social.

Las diferentes maneras de ver el envejecimiento juegan un papel crucial en cómo experimentamos la vida durante la longevidad. Cada individuo transita por las diferentes etapas de la vida con sus propias creencias, valores y expectativas, y estas dan forma a su actitud y posturas.

Como vimos anteriormente, algunas personas adoptan un enfoque de optimismo no realista y piensan que su vida siempre va a fluir sin mayores inconvenientes; otros pueden caer en el sesgo del pensamiento pesimista, enfocándose en los desafíos y limitaciones asociados con el envejecimiento, y hay quienes aceptan pasivamente y con resignación los cambios negativos y dificultades que se presentan sin buscar formas de recuperar el bienestar perdido. Por último, están los que tienen un enfoque realista y optimista a la vez, reconocen los desafíos, pero también buscan aprovechar al máximo las oportunidades disponibles y el crecimiento personal.

A continuación te presentaré un enfoque específico de estas miradas en la segunda mitad de la vida, que he identificado desde mi ejercicio profesional:

1. **La mirada desde el sesgo optimista:** se observa en las personas que no toman en cuenta las realidades y dificultades que podrían surgir a medida que avanzan en la segunda mitad de la vida y subestiman los desafíos y limitaciones asociados con el envejecimiento. Si bien esta actitud de ignorar los aspectos relacionados con envejecer puede proporcionar una sensación de esperanza y motivación, también impide que las personas se preparen de forma adecuada y tomen decisiones realistas respecto a su futuro.

2. **La mirada desde el sesgo pesimista:** quienes adoptan este enfoque ven los desafíos físicos, psicológicos y sociales como barreras insuperables y pueden sentirse abrumados ante la idea de envejecer. Este enfoque tiene un impacto negativo en el bienestar emocional, ya que conduce a depresión, ansiedad y pérdida de motivación.

3. **La mirada desde la resignación:** es otra forma que adoptan las personas ante el envejecimiento. Son los que se sienten impotentes ante las circunstancias y creen que conformarse es la mejor forma de reaccionar ante las adversidades. Si bien la resignación puede proporcionar una sensación de calma, también limita

las oportunidades de crecimiento y la capacidad de disfrutar plenamente de la vida.

4. **La mirada desde un realista/optimista:** quienes tienen esta perspectiva reconocen los retos asociados con la longevidad, pero mantienen una actitud esperanzadora. Saben que al igual que en otras etapas, durante la segunda mitad de la vida pueden surgir problemas y situaciones inesperadas que atenten contra su bienestar, pero buscan formas de gestionarlas y generar posibles soluciones. Tienden a centrarse en las oportunidades.

Estas miradas y posturas sobre la segunda mitad de la vida y el envejecimiento, se presentan en diferentes grados e intensidades. Por ejemplo, hay personas que se muestran ligeramente conformistas, mientras que otras, exhiben un conformismo excesivo. De igual manera, hay individuos medianamente pesimistas y otros son pesimistas a ultranza.

Podemos afirmar que las miradas pesimistas y resignadas entorpecen una longevidad óptima, porque no proporcionan el combustible necesario para superar los obstáculos que se presentan en el camino. También sabemos que el sesgo optimista convierte a quien lo exhibe en una persona ilusa e irresponsable ante su futuro. Cuando hablamos de longevidad óptima no solo nos referimos a estar con salud; incluye bienestar y disfrute. No se trata solo de "estar bien", sino también de "sentirse bien".

Adoptar una mirada realista/optimista tiene un impacto positivo que favorece el disfrute de la vida a cualquier edad, pero no siempre es posible. Hay personas que no lo logran. Existen factores que dificultan alcanzar este objetivo. Los cuatro principales son:

1. Experiencias difíciles y dolorosas que se vivieron en etapas anteriores y causaron heridas que aún no han sanado.

2. Situaciones adversas que no se supieron gestionar a tiempo.

3. Creencias limitantes personales, sociales y culturales respecto del envejecimiento y la ancianidad.

4. Experiencias de envejecimiento de familiares, parientes y personas cercanas que causaron impresiones negativas.

Mi propuesta para ti es asumir una mirada realista/optimista, aun cuando tu vida no haya sido un camino de rosas. Alcanzar una perspectiva constructivista y actuar en consecuencia, permitirá lograrlo. Solo tienes que decidirlo.

RECOMENDACIONES:

1. Si en la primera mitad de tu recorrido has tenido "una buena vida" y al pasar balance el resultado es positivo, enfócate en mantener esa fluidez, sin aferrarte al pasado o resistirte ante un presente diferente. Acepta esta nueva etapa y continúa en la fiesta de vivir.

2. Si llegas a la segunda mitad de la vida en modo "neutro", es decir, ni pesimista ni optimista, sino más bien a la espera de lo que pudiera llegar, corres el riesgo de que las cosas vayan a mal, porque no estás preparando el terreno para una buena siembra ni tienes la intención de tomar el timón de tu vida. En ese caso, debes asumir ese compromiso.

3. Si llegas en "modo iluso" y, por tanto, en negación, al igual que en "modo neutro" estás en riesgo por falta de una actitud previsora. Aun cuando no lo quieras ver, te aseguro que hay cosas que en algún momento van a cambiar; unas drásticamente y otras, de forma leve. En ambos casos recibirás un impacto que va a requerir de una manera diferente de afrontar la nueva realidad.

4. Si llegas en "modo pesimista" te sentirás abrumado por los desafíos físicos, de salud, económicos o de relaciones que se puedan presentar, lo cual te puede llevar a experimentar una sensación de impotencia y frustración. Además, vas a perder de vista las oportunidades y situaciones favorables que aparecerán.

Ahora puedes decidir que tu vida sea diferente, que sea mejor, que vas a realizar actividades que antes no pudiste y vivir experiencias gratificantes. Tienes derecho al bienestar que no tuviste antes. Puedes decir: "ahora voy a ser feliz" y definir qué vas a hacer para lograrlo.

Luego de mirar las diferentes perspectivas del envejecimiento, veamos en detalle las etapas que se viven durante la segunda mitad de la vida empezando por el "halftime" o medio tiempo, un momento que sorprende a quienes no logran reconocer los cambios que se asoman en el horizonte y marca la transición hacia la plenitud en la madurez. Este punto de inflexión no es solo un tiempo para reflexionar sobre el camino recorrido, sino también una oportunidad para redefinir objetivos y aspiraciones, preparándonos para una segunda mitad de vida satisfactoria y con propósito. El medio tiempo es el puente hacia una madurez rica en posibilidades y crecimiento.

Un árbol con hojas cayendo representa el cambio y la renovación constante, así como la belleza en cada etapa de la vida.

Este árbol, con sus hojas bailando suavemente hacia el suelo, nos habla con el lenguaje silencioso de la naturaleza sobre la impermanencia, el cambio y la renovación que son esenciales en el tejido de la existencia. A medida que entramos en la segunda mitad de la vida, este símbolo se vuelve un recordatorio de que cada fase trae consigo su propia belleza, que debemos soltar lo que cumplió su cometido y quedarnos con la gratitud por las lecciones aprendidas con una gracia y sabiduría que solo se pueden obtener a través de los años vividos y los cambios navegados. Este árbol viene a invitarnos a ver la caída de cada hoja no como un fin, sino como el preludio de un nuevo comienzo, una oportunidad para florecer de maneras que nunca imaginamos. En el encontraremos historias y reflexiones que iluminan el arte de vivir y disfrutar en la segunda mitad de la vida, viene a recordarnos que incluso en los momentos de cambio y pérdida, podemos encontrar profundidad, significado y alegría.

CAPÍTULO 4

LAS ETAPAS DE LA SEGUNDA MITAD DE LA VIDA

Al andar el camino de la vida llegamos al punto medio, donde el sendero nos lleva a paisajes nuevos y desafiantes. Entramos a la mediana edad, donde muchas veces el camino se bifurca. Los árboles, antes jóvenes y verdes, ahora lucen hojas doradas, recordándonos que el tiempo no se detiene. Es un momento de reflexión, de preguntarnos si el sendero que seguimos es el que realmente queremos.

Seguimos avanzando, el camino se va tornando más sereno y entramos en la edad madura. Las sombras del atardecer proyectan destellos dorados en el horizonte. Es una época de sabiduría y aceptación, cuando los pasos se vuelven más deliberados y cada piedra, cada curva, se vive con gratitud y comprensión.

Más adelante nos encontramos con la vejez, y el recorrido se hace más lento, pero cada paso resuena con la riqueza de las experiencias vividas. Las montañas a lo lejos nos recuerdan la magnitud de la vida, y aunque nuestros pasos puedan ser más pausados, el viaje se disfruta con una profundidad que solo los años pueden aportar.

Finalmente, al acercarnos a la ancianidad, el camino desciende suavemente hacia un valle sereno, bañado por la luz suave del crepúsculo. Cada paso es un eco de recuerdos, de amores, de pérdidas y triunfos. Aunque el cuerpo puede sentir el peso de los años, el espíritu se eleva, sabiendo que cada etapa del camino ha sido esencial para llegar a este momento de paz y contemplación.

CONOCIENDO LAS ETAPAS:

Cuando hablamos de la segunda mitad de la vida nos referimos al desarrollo de la existencia desde los 45 años hasta el final. Dentro de ella existen diferentes etapas, cada una con características propias, claramente diferente de las otras, veamos:

- **Mediana edad**: De los 45 a los 59 años.

- **Edad madura:** De los 60 a los 79 años.

- **Vejez y ancianidad**: A partir de los 80 años.

Ha llegado el momento de conocer y comprender las diferentes fases de la segunda mitad de la vida para que puedas descubrir tus propios retos y oportunidades, al tiempo que vas comprendiendo a otras personas que, aunque también están transitando esta etapa, pueden estar en momentos diferentes.

Romantizar vs. Satanizar:

La segunda mitad de la vida es un periodo que unos temen y otros idealizan, es decir, unos satanizan y otros romantizan. Romantizar significa ignorar o minimizar los aspectos negativos que acompañan esta etapa, tales como el deterioro físico, la pérdida de los seres queridos, la soledad, el desempleo o la discriminación por edad. Estas dificultades pueden generar sufrimiento, frustración, depresión o ansiedad. No se trata de negar la realidad, sino de afrontarla con resiliencia, buscar soluciones, aprender a prevenir, ralentizar, disminuir efectos y afrontar.

Por otro lado, satanizar significa exagerar o generalizar los aspectos negativos del envejecimiento y olvidar o minimizar lo positivo como la experiencia, la sabiduría, la madurez emocional y el tiempo libre. Estos aspectos pueden aportar satisfacción, alegría, autoestima y valoración del disfrute. Sin embargo, para beneficiarte de tales regalos es necesario apreciarlos, aprovecharlos e integrarlos como un estilo de vida. Recordemos que para disfrutar un regalo primero hay que abrirlo.

En fin, no es resignarse a la realidad, sino conocer lo que trae, abordarla con objetividad, transformarla con creatividad y buscar oportunidades. Lo que implica enfrentar las dificultades y al mismo tiempo apreciar las bondades.

A medida que te adentres en la lectura, aprenderás a identificar las señales de advertencia y las banderas rojas que significan precaución; pero no nos detendremos allí, también descubrirás dónde están los tesoros ocultos.

TRES TESOROS: ESPLENDOR, PLENITUD Y SERENIDAD

En un mundo que enfoca la juventud como la cima de la existencia, es fundamental desentrañar las posibilidades que tienen las personas después de los 45 años. La vida para esta etapa se va desarrollando en fases, como vimos, y en cada una encontramos desafíos y riquezas. La mediana edad es un momento de reflexión y cambio, cuando las semillas plantadas en la juventud comienzan a florecer. La edad madura nos brinda la oportunidad de consolidar nuestras experiencias y abrazar la plenitud de la vida. Finalmente, la ancianidad nos invita a contemplar la serenidad que proviene de una vida bien vivida y compartir esa sabiduría con generaciones futuras.

Es importante aprender cómo aprovechar al máximo estas fases y prepararnos para acceder al esplendor de la mediana edad, experimentar la plenitud en la edad madura y encontrar la serenidad en la ancianidad, descubriendo así que cada etapa de la vida tiene su propio conjunto de regalos para ofrecer.

PRIMER TESORO: ESPLENDOR DE LA MEDIANA EDAD

La mediana edad puede ser un período de florecimiento y crecimiento. Es el tiempo para explorar nuevas pasiones, reinventarse profesionalmente, si se desea, y profundizar en las conexiones familiares y sociales. También puede ser un periodo de crisis existenciales. Llegar a la mediana edad no significa estancarse, en ella puedes encontrar un esplendor que proviene de la combinación del autoconocimiento que ya se tiene y el coraje para continuar en evolución constante.

SEGUNDO TESORO: PLENITUD EN LA EDAD MADURA

Es un periodo en el que se puede experimentar una sensación de plenitud y una comprensión más profunda de uno mismo y del mundo. Es una etapa en la que las prioridades cambian y hay un llamado a valorar más la calidad que la cantidad. Es un tiempo para cultivar relaciones significativas, nutrir la salud física, cuidar la salud mental, darle lugar a las actividades y pasatiempos que nos producen alegría y sentido de bienestar. La plenitud en la edad madura se encuentra no solo en las metas alcanzadas, también en la aceptación de la vida tal como es, en la apreciación de cada instante y en la capacidad de vivir en el presente.

TERCER TESORO: SABIDURÍA Y SERENIDAD EN LA VEJEZ Y EN LA ANCIANIDAD

Aquí es donde la sabiduría acumulada a lo largo de los años se puede transformar en un regalo para uno mismo y para los demás. Es un tiempo para compartir historias, enseñar a las generaciones más jóvenes y disfrutar de una vida feliz y consciente. La ancianidad marca el culmen de la vida y está llamada a ser un periodo de reflexión y serenidad; encontrar la serenidad en la vejez y en la ancianidad significa haber encontrado la tranquilidad que viene con la aceptación de que la vida es finita. La serenidad es un tesoro que se encuentra en la gratitud por lo vivido, en la paz interior y en la celebración de la conexión humana.

La mediana edad, la edad madura, la vejez y la ancianidad son capítulos diferentes en la narrativa única de nuestras vidas y todos juntos tejen el tapiz de la experiencia humana.

EXPLORANDO DIFERENTES MOMENTOS EN LA SEGUNDA MITAD DE LA VIDA:

La segunda mitad de la vida es un territorio hasta hace poco tiempo inexplorado, rico en desafíos, oportunidades, redefiniciones y en transformación. En un mundo obsesionado con la juventud y la efervescencia de la primera mitad de la vida, es esencial tomar tiempo para explorar y conocer mejor la segunda mitad de ella.

Esta es una etapa en la que, si unes la sabiduría acumulada con la búsqueda de nuevas pasiones e intereses y la consolidación de relaciones significativas, podrás abrir las puertas a un capítulo enriquecedor y gratificante de autodescubrimiento y autenticidad en tu caminar.

Ha llegado el momento de adentrarnos en el conocimiento de la vida a partir de los 45 años hasta el final, para conocer y comprender las diferentes fases y descubrir así tus propios retos y oportunidades. A medida que te adentres en la lectura, aprenderás a reconocer las banderas rojas que indican precaución y los aspectos positivos de los cuales te puedes beneficiar. Recuerda, la mediana edad nos regala el esplendor; la edad madura, plenitud; y la vejez, sabiduría.

PUNTO DE PARTIDA: LA MEDIANA EDAD

Bob Buford[1] es un autor norteamericano que popularizó el concepto "half time", o "medio tiempo", a través de varios de sus libros. En ellos compara la mediana edad con el intervalo entre un juego y otro que se da en varios deportes como el soccer, el fútbol americano y el rugby. El "half time" es el tiempo en el que los equipos aprovechan para replantear sus estrategias; de igual manera, la mediana edad es el periodo idóneo para que las personas piensen, decidan y se enfoquen en cuáles cosas harán para que los años venideros sean significativos y enriquecedores.

1   Bob Buford es Cofundador de The Halftime Institute y autor de los libros: Half Time, Beyond Half Times y Finishing Well, enfocados en la segunda mitad de la vida.

Si estás en el "medio tiempo" hay muchos aspectos de la vida en los cuales el viento sopla a tu favor: estás más definido en cuanto a quién eres, tienes más claridad de qué quieres y qué no en tu vida, tus proyectos están establecidos y puedes exhibir logros. Además, durante esta etapa:

- **Sabes poner límites y pedir lo que deseas.** La adultez permite reconocer la importancia de establecer límites claros en las relaciones personales y profesionales, así como en la autoexigencia física, ya que conoces a la perfección tu cuerpo y sabes cuánto exigirle; conoces tu mente y sabes hasta dónde llegar. Eso contribuye a relaciones más saludables y respetuosas, y a ejecutar actividades cónsonas con tus posibilidades.

- **Tienes más control de tus emociones e impulsos.** La adultez implica desarrollar la paciencia y tener la capacidad de manejar las emociones de manera equilibrada. En una situación estresante, puedes mantener la calma, analizar la situación y responder de manera reflexiva en lugar de reaccionar impulsivamente. Tal actitud promueve encontrar soluciones constructivas.

- **Puedes tener una mezcla única de experiencia y juventud.** La mediana edad ofrece la ventaja de combinar madurez emocional con una mente abierta a nuevas perspectivas; presenta una unión productiva de vitalidad y perspicacia. La fusión de una mentalidad joven, receptiva y activa, con la sensatez y la prudencia, generan un resultado poderoso que solo se presenta durante la mediana edad.

- **Eres un ente productivo con estabilidad económica.** En esta etapa generalmente las personas tienen una mayor libertad para tomar decisiones acertadas y obtener créditos gracias a su estabilidad financiera, lo que a su vez permite tener un estilo de vida más cómodo, la posibilidad de apoyar a familiares y amigos, y planificar el futuro con mayor seguridad. Inclusive puedes invertir en proyectos que generen ingresos adicionales.

- **No buscas aprobación. La adultez se traduce en confianza interna y autoimagen sólida.** Al tener claridad de lo que quieres y ser capaz de asumir las consecuencias de tus acciones, se reduce la dependencia de la aprobación externa.

- **Puedes mostrar conocimiento o dominio en un área del saber u oficio.** La mediana edad permite mostrar y compartir conocimientos adquiridos a lo largo de los años. En este tiempo estás posicionado para aportar ideas innovadoras y soluciones creativas a los desafíos de tu área de dominio porque has ganado respeto y credibilidad entre tus pares, colegas y comunidad en general. Además, eso te brinda un sentido de logro significativo.

Si estás en este tramo de la vida y te identificas con estas características, debes saber que son el resultado del camino que has recorrido y de tu historia personal. Por otra parte, quien llega a los 45 años y no ha logrado cierta estabilidad económica y emocional, no puede exhibir logros y aún no tiene claro hacia dónde va.

A esa persona le urge detenerse, ir a las raíces de su situación y explorar las posibles causas, descartando, claro está, la mala suerte o la falta de oportunidades. Reflexionar en que le ha llegado el momento de abocarse al autoconocimiento y al crecimiento personal para tomar en sus manos las riendas de su vida. De otro modo, el panorama de los años que se avecinan es sombrío. Hay que tener presente que en la mediana edad la inmadurez pasa factura y determina en gran medida cómo podría ser el resto de tu vida.

Tres recomendaciones y tres propuestas:

En la mediana edad habrá ocasiones en las que el viento no sopla a tu favor. Cuando así suceda, procura ubicarte donde la dirección del viento te favorezca. Si no es posible, ajusta las velas de tu embarcación para poder llegar a tu destino; ten siempre presente que en la vida hay cosas que suceden y hay otras que hacemos suceder. Cuando estés en momentos difíciles ten en cuenta estas tres recomendaciones:

1. **No te rindas.**

2. **No te resignes.**

3. **No te conformes.**

Y MIENTRAS AVANZAS, LLEVA CONTIGO ESTOS TRES REGALOS EN FORMA DE PROPUESTAS:

1. **Deja de luchar contra el proceso.** Las luchas desgastan y al final, mientras estés vivo, seguirás cumpliendo años.

2. **Deja de resistirte a los cambios que se van presentando.** Lo que está destinado a cambiar, tarde o temprano cambiará, y será una batalla estéril y frustrante tratar de evitarlo. Recuerda que lo que se resiste, persiste.

3. **Deja de rechazar la realidad.** Lo que rechazas puede generar obsesión y en vez de ayudar, incapacita.

Decídete a explorar las posibilidades y los recursos que te pueden ayudar a cumplir con éxito el proyecto: "cumplir años con productividad y bienestar".

Hoy sabemos que existen formas de ralentizar el proceso de envejecimiento, prevenir la aparición de enfermedades crónicas no transmisibles y favorecer la aparición tardía de otras. En mi libro anterior: "Que Siga la Fiesta", te ofrezco pautas para que rediseñes tu vida de manera tal que conserves la capacidad de disfrutar a medida que avanzas en edad.

OCHO IMPEDIMENTOS PARA DISFRUTAR LA MEDIANA EDAD:

Si quieres mantener el bienestar y disfrutar el "half-time", hay ocho conductas que te lo pueden impedir y, por tanto, debes evitarlas:

1. **Mantener comportamientos de etapas anteriores:** algunas personas en la mediana edad se aferran a conductas o hábitos adquiridos en tiempos pasados, que ya no funcionan, y su continuidad les dificulta tener un sentido de identidad más coherente con los años. Por ejemplo, quien se resiste a dejar de ser analfabeto tecnológico, puede sentirse aislado y experimentar dificultades para mantener relaciones sociales o satisfacer sus necesidades básicas.

> *Óscar quiere continuar con conductas de etapas anteriores. Viste como si aún estuviera en su juventud, usando ropa y accesorios de moda que pueden resultar inapropiados para su edad. Además, participa en actividades que requieren un nivel de resistencia o agilidad más allá de sus capacidades actuales, poniendo en riesgo su salud y seguridad.*

2. **Pelear con la edad:** aquellos que se resisten y luchan constantemente con la edad, pueden experimentar mayores niveles de ansiedad, depresión y disminución general de su calidad de vida. Enfrentar el envejecimiento con resistencia y negación conduce a una lucha interna innecesaria.

> *Miguel se niega a utilizar ayudas o adaptaciones como bastón o silla de ruedas, aunque le son necesarias. Insiste en realizar actividades físicas intensas o exigentes para las que ya no tiene la misma capacidad, lo que pone en riesgo su salud. Rechaza cualquier sugerencia de cambios en su estilo de vida o rutina para adaptarse a sus necesidades actuales.*

3. **Inflexibilidad ante puntos de vista diferentes:** ciertos individuos se vuelven cada vez más obstinados en sus creencias a medida que cumplen años. Esta rigidez dificulta su capacidad de adaptación y la comprensión de otras perspectivas, lo cual puede llevar a conflictos interpersonales y aislamiento social. Fomentar la apertura mental y la tolerancia

hacia otras perspectivas puede contribuir a una mejor acondicionamiento y relaciones más saludables en la vejez.

Ivette es inflexible ante otros puntos de vista. Se muestra cerrada a escuchar opiniones o ideas que difieran de las suyas, interrumpiendo o descartando las opiniones de los demás. Evita participar en discusiones o debates que impliquen cuestionar sus creencias, optando por alejarse o ignorar a quienes no están de acuerdo con ella. Se niega a cambiar o adaptar sus propias opiniones y argumentos, aunque se presenten pruebas o argumentos convincentes en contra de ellos.

4. **Competir con los más jóvenes:** hay quienes sienten la necesidad de rivalizar con personas más jóvenes para demostrar su valía o mantener su sentido de importancia. Esta mentalidad puede generar estrés, especialmente si no se puede igualar el ritmo físico o profesional de las generaciones más jóvenes.

Francisco permanentemente quiere competir con los más jóvenes. Participa de forma activa en competencias deportivas o actividades físicas en las que los competidores son menores que él. Se enorgullece de contar historias en las que se destaca sobre los jóvenes en términos de habilidades o logros, buscando así validar su superioridad. Muestra una actitud desafiante incluso en situaciones informales o cotidianas, tratando de demostrar constantemente que todavía tiene lo necesario para mantenerse vigente.

5. **Mantener el trabajo en primer lugar:** para muchas personas su identidad y sentido de propósito están estrechamente ligados a su carrera y logros profesionales. Continuar priorizando el trabajo en detrimento de otras esferas de la vida, como las relaciones personales o el cuidado de la salud, puede llevar a un desequilibrio y a una falta de satisfacción general.

> *Raysa pone siempre el trabajo en primer lugar. Dedica largas horas a laborar, incluso en su tiempo libre o durante reuniones familiares u ocasiones especiales. Evita tomar vacaciones o descansos, sintiéndose culpable o ansiosa por dejar a cargo sus responsabilidades laborales. Se dedica exclusivamente a su carrera, descuidando su salud, relaciones personales y otras áreas de su vida que podrían brindarle satisfacción y bienestar.*

6. **Querer arrastrar a otros al terreno propio:** es muy común pretender que las personas a tu alrededor se amolden a tus condiciones, con la excusa de tu mayoría de edad; sin embargo, lo único que conseguirás será el malestar del entorno y el alejamiento.

Ángela se siente insegura ante los cambios y avances tecnológicos en su campo profesional. En lugar de adaptarse y aprender a usar las nuevas herramientas y tecnologías, intenta influir en los jóvenes profesionales para que sigan utilizando los métodos y enfoques más antiguos. Cree que su manera tradicional de trabajar es la correcta y trata de arrastrar a los demás a su terreno, sin darles la oportunidad de explorar nuevas ideas y soluciones más eficientes.

7. **Continuar con el "Work harder" (trabajo duro), en lugar del "Work smarter" (trabajo inteligente):** cuando se llega a la mediana edad, se debe comprender que ya no se tiene la misma energía de otros tiempos, por ende, se debe cambiar la manera de enfrentar los procesos laborales o las fuentes generadoras de ingresos: apoyarse más en herramientas que faciliten el trabajo y usar más el intelecto en lugar de realizar actividades que dependan del esfuerzo físico. De no hacerlo, lo que se conseguirá

será agotamiento extremo que puede generar enfermedades y frustración por no poder llevar el ritmo como en épocas anteriores.

Roberto es un hombre de 55 años que ha trabajado en el mismo empleo por más de 20 años. A pesar de tener amplia experiencia y conocimiento en su campo, sigue manteniendo una mentalidad de "trabajar más duro". Suele quedarse hasta tarde en la oficina y se concentra en aumentar su carga laboral en lugar de explorar formas más eficientes de realizar sus tareas.

Por último, pero no menos importante:

8. **Negarse a seguir creciendo:** creer que ya no es necesario el autoconocimiento, superar defectos de carácter o hacer cambios en el estilo de vida. Cuando se entiende que la mediana edad es apenas el inicio de la segunda mitad de la vida, se comprende entonces que es necesario seguir aprendiendo y transformándose.

Patricia, de 60 años, se niega a seguir creciendo en el ámbito personal. Ha construido una vida cómoda y estable con su familia y trabajo, pero se niega a explorar otras áreas de su personalidad o adquirir nuevas habilidades. Rechaza la idea de aprender tecnología o idiomas, y se aferra a lo que ya conoce. Su negativa a seguir creciendo la mantiene en una zona de confort estática, limitando su desarrollo y oportunidades de enriquecer su vida.

ACCIONES PARA SEGUIR AVANZANDO:

La mediana edad marca el inicio de la segunda mitad de la vida y lo que suceda mientras la transitas, influirá en gran medida en que el panorama de la madurez sea claro o sombrío. Además, de manera especial, la llegada de los 45 años avisa que llegó el momento de:

- Sacar de tu cabeza ideas, creencias y juicios de otros hasta quedarte con lo que es tuyo y así permitir que tu mente se libere y surja quien realmente eres.

- Aceptar que no tienes que llenar las expectativas de

otro, ni los demás las tuyas.

- Identificar los vacíos de tu vida, y en lugar de llenarlos con acciones estériles, transformarlos en lo que Fritz Perls llama: "vacío fértil", es decir, un espacio lleno de posibilidades donde podría surgir lo más genuino de tu ser.

Coincido con la Dra. Christiane Northrup en llamar a esta etapa: "La primavera de la segunda mitad de la vida" y verla como el tiempo idóneo para estas cinco acciones:

1. Agradecer, despedir y estar en paz con el pasado.

2. Repasar el presente, evaluarlo y vivirlo intensamente.

3. Revisar la situación financiera.

4. Iniciar o reforzar un estilo de vida saludable.

5. Observar el futuro y decidir qué hacer con el resto de la vida.

Ten en cuenta que estas acciones y recomendaciones contribuirán en gran medida a disfrutar la edad madura.

Bob Buford, también aconseja en su libro "Half time[1]" hacer un alto y replantear las estrategias de vida para pasar del éxito al significado, porque la obtención de logros externos ya no es suficiente; se hace necesario indagar cuál es el propósito de dichos logros y preguntarse qué nos hace realmente felices.

1   Bob Buford. "Halftime: Moving from Success to Significance". Editorial Zondervan. 2015. Tercera edición.
    Hugo Cuesta (2018). "La crisis de la mitad de la vida". Editorial Grijalbo.

La idea no es rechazar el éxito, sino ponerlo al servicio de lo esencial de nuestras vidas.

Albert Einstein dijo: "no podemos pretender que las cosas cambien si seguimos haciendo lo mismo", así que para aprovechar lo que la mediana edad tiene para ti, debes dejar atrás los estorbos de tu camino, tales como:

1. Perseguir el éxito a costa de tu salud, tu familia, tus afectos, tus amigos y de ti mismo.

2. Pagar un precio muy alto por llegar a un estatus requerido y permanecer en él.

3. Vivir en una montaña rusa de actividades para mantener una dinámica de logros y éxitos.

4. No tener tiempo para vivir tus pasiones y disfrutar de lo que te gusta.

5. Descuidar lo esencial en pro de lo accesorio.

6. Enfocarte en el tener y el hacer y dejar de lado el ser.

7. No escuchar tu voz interior.

8. No valorar lo que tienes por esperar algo más valioso.

Al igual que Buford, creo que en el "half time" hay que empezar a construir un nuevo proyecto para la longevidad y construir nuevos sueños, pero con parámetros y perspectivas diferentes.

Además de las recomendaciones anteriores, Hugo Cuesta, autor del libro: "La crisis de la mitad de la vida", presenta seis sugerencias que considero interesantes y quiero compartir contigo:

1. **Haz un alto y reflexiona.** Desintoxícate de ese ritmo frenético que te tiene atrapado. Recuerda, el silencio y la soledad son necesarios para diseñar el segundo tiempo.

2. **Reconecta seriamente con tus relaciones personales.** Dios, familia, amigos y por supuesto, contigo mismo.

3. **Pide ayuda.** Un coach, un mentor, tu familia o un buen amigo, te ayudarán a ser objetivo y no perder el foco.

4. **Explora tus talentos y pasiones.** Este maridaje te ayudará a encontrar tu misión única e irrepetible, y esto te acercará a la felicidad que tanto anhelas.

5. **Dedica tiempo a conectar contigo mismo.** No es necesario abandonar tu negocio o empresa, ni mudarte al Tíbet. Empieza por invertir un número de horas adecuado a la semana, en tu "carrera paralela".

6. **Diseña tu estrategia para el segundo tiempo de tu vida.** Con base en tu realidad, filosofía de vida, pasiones y talentos, determina el proceso con tu

"Mission Life Statement", que es tu plan de vida para el segundo tiempo.

En adición a las recomendaciones anteriores, te presento cinco facilitadores del bienestar, que además te prepararán para seguir disfrutando en la próxima etapa, la edad madura:

1. Hacer las paces con el pasado

Al reconciliarse con el pasado, se experimenta una liberación emocional y se reduce la carga emocional que se lleva consigo. Esto permite mejorar la paz interior y trae bienestar emocional en el presente.

Isabel, de 50 años, decidió hacer las paces con su pasado traumático al enfrentar y perdonar a las personas que le causaron daño. Dijo: "Perdonar no significa olvidar, pero me liberó de cargar con el peso del rencor". Isabel buscó terapia y utilizó técnicas de meditación para trabajar en su proceso de perdón y lograr sanar emocionalmente.

2. Despedir relaciones y situaciones que ya no funcionan e identificar los aprendizajes que trajeron

Al liberarse de relaciones tóxicas, se crea espacio para establecer relaciones más saludables y satisfactorias. Se brinda la oportunidad de rodearse de personas que aportan positividad, apoyo y amor.

Osvaldo, de 55 años, se dio cuenta de que algunas relaciones y situaciones en su vida ya no le aportan bienestar. Decidió terminar una relación tóxica y dejar un trabajo que le generaba estrés constante. Osvaldo comentó: "A veces es necesario dejar atrás lo que nos hace infelices para abrir espacio a nuevas oportunidades". Él buscó apoyo de amigos y familiares para tomar decisiones difíciles y así poder avanzar hacia un estilo de vida más saludable y placentero.

3. Estar abierto a desaprender y reconocer la necesidad de seguir aprendiendo

Abrirse a desaprender y volver a aprender promueve una mayor flexibilidad mental. Se está dispuesto a cambiar de perspectiva y adaptarse a nuevas ideas y conocimientos, lo que favorece el crecimiento y el desarrollo personal.

Blanca, de 48 años, comprendió que seguir aprendiendo era fundamental para su bienestar y crecimiento personal. Estuvo abierta a desaprender creencias limitantes y a explorar nuevas habilidades. Blanca dijo: "Nunca es tarde para aprender algo nuevo y reinventarse". Buscó cursos y talleres sobre temas que le interesaban y se comprometió a continuar aprendiendo a lo largo de su vida.

4. Instalarte en el presente y estar dispuesto a seguir construyendo la vida que deseas

Vivir plenamente el presente permite disfrutar los momentos actuales y encontrar alegría en las pequeñas cosas de la vida. Se fomenta una mayor sensación de felicidad y gratitud en el día a día.

Eduardo, de 53 años, decidió vivir plenamente en el presente y planificar su futuro de manera constructiva. Se dio cuenta de que preocuparse excesivamente por el pasado o el futuro le impedía disfrutar el presente. Eduardo dijo: "El presente es el único momento que realmente tenemos, así que aprendí a disfrutarlo al máximo". Practicó técnicas de mindfulness y dedicó tiempo a definir metas y objetivos realistas para su futuro.

5. Gestionar tu realidad y planear tu futuro con una actitud constructivista

Al planificar el futuro, se obtiene un sentido de dirección y propósito en la vida. Se establecen metas claras y se trabaja hacia ellas, lo que brinda una sensación de logro y satisfacci

Maritza, de 55 años, dijo: "Gestionar mi realidad y construir la vida que deseo me ha empoderado y dado un sentido de propósito. Ahora tomo decisiones basadas en mis necesidades y sueños. El gran premio fue el control sobre mi propia vida y la satisfacción de vivir de acuerdo con mis valores y deseos auténticos".

En la espiral de la vida,
cada giro revela la belleza
de acumular experiencias,
invitándonos a abrazar la
madurez con curiosidad y
apertura hacia el aprendizaje
infinito.

En la segunda mitad de la vida, lejos de detenernos, nos expandimos en una espiral de crecimiento y sabiduría. La espiral, símbolo ancestral de evolución y renovación, nos recuerda que cada vuelta en nuestro camino es una oportunidad para profundizar en el conocimiento, abrazar nuevas experiencias y cultivar una riqueza interior que solo puede venir con el tiempo. La Espiral se hace presente en este libro para invitarnos a explorar las posibilidades que se despliegan cuando aceptamos el viaje continuo de la vida y a recordarnos que el crecimiento y la expansión no conocen de edades. Ha venido a recordarnos que, incluso en la madurez, estamos en constante movimiento hacia adelante, descubriendo capas más profundas de nosotros mismos y del mundo que nos rodea.

CAPITULO 5

CONTINUANDO EL VIAJE: LA EDAD MADURA

El esplendor de la mediana edad da paso a una sensación de seguridad, calma y plenitud que trae el tener un entendimiento más profundo de la vida y mayor aprecio por las relaciones genuinas; además, la capacidad de saborear las pequeñas cosas. La sensación de estar arraigado, saber aceptar las victorias y las derrotas con gracia y la satisfacción por las cosas sencillas de la vida, nos indican que ya estamos en la edad madura.

La edad madura, propiamente dicha, es el período comprendido entre los 60 y 80 años. Es también conocida como el segundo tiempo, la tercera edad, el tercer momento de la vida o la juventud de la vejez. Dependiendo de cómo se enfoque, unos la ven como una época de nueva independencia y libertad, y otros, como un periodo de deterioro y pérdida de capacidades. Ambas miradas pueden ser ciertas.

Lissette, de 62 años. "A medida que avanzo en la edad madura, mis inquietudes se centran en la salud y el bienestar de mis seres queridos. Me preocupa no poder estar presente o cuidar de mis hijos y nietos de la manera en que solía hacerlo. Me duele ver cómo mis habilidades físicas disminuyen, y el temor de que pueda depender de otros para realizar actividades cotidianas me invade en ocasiones.

La nostalgia también se hace presente en mi vida. A menudo miro hacia atrás y lamento no haber aprovechado al máximo ciertas oportunidades o preocuparme demasiado por cosas insignificantes. Me gustaría poder retroceder en el tiempo y abrazar cada instante con mayor gratitud y alegría; pero, al mismo tiempo, pienso que cada experiencia y cada desafío contribuyeron a forjar la persona que soy hoy.

En definitiva, la llegada de la edad madura no es fácil de aceptar. Hay momentos de nostalgia, temores y lamentos. Sin embargo, también es una oportunidad para mirar hacia adelante, valorar lo que tengo y aprovechar al máximo cada día. Aprendo a encontrar mi propio valor y propósito, e intento aceptar los cambios de la vida con gratitud y una actitud positiva".

Benigno, de 62 años. "Me preocupa la falta de vitalidad física que comienza a manifestarse, y me pregunto cómo afectará mi independencia y mi capacidad para disfrutar de las actividades que solía realizar. El miedo a perder mi autonomía y depender de otros es una de mis mayores preocupaciones.

Miro hacia atrás y lamento no haber pasado más tiempo con mis seres queridos, no haber exprimido cada momento y disfrutado más de las experiencias. Me duele ver cómo el tiempo pasó tan rápido y no puedo evitar desear haber hecho las cosas de manera diferente; pero también entiendo que la vida es un camino lleno de aprendizajes, y que cada etapa tiene su belleza y sus lecciones.

La incertidumbre sobre cómo enfrentaré los desafíos que el futuro me traerá genera en mi ansiedad en ocasiones, pero trato de mantener una mentalidad positiva y enfocarme en disfrutar del presente y en fortalecerme emocionalmente para afrontar lo que está por venir".

Llegar a los 60 marca un hito. Es ahí cuando la madurez está llamada a mostrarse con toda su fuerza; es el inicio de la plenitud que nos puede acompañar por los próximos 20 años y darnos los ingredientes necesarios para que al llegar a los 80, podamos tener la serenidad, generatividad y grandeza a la que tenemos derecho.

La edad madura puede ser una etapa de profunda reflexión, crecimiento y transformación. En esta fase, las personas se encuentran en un cruce de caminos, donde la experiencia acumulada se entrelaza con la búsqueda continua de significado y propósito.

Es importante reconocer que los cambios a nivel físico y cognitivo empiezan a ser más notorios. Sin embargo, estos no definen nuestra capacidad de seguir disfrutando y viviendo con bienestar. Tomar conciencia de lo que sucede en este periodo nos permite trazar estrategias para prevenir, ralentizar, revertir o afrontar el declive físico y cognitivo, y así lograr un bienestar óptimo.

FACTORES FUNDAMENTALES EN LA EDAD MADURA

Durante la etapa entre 60 y 80 años existen tres aspectos fundamentales que cobran gran relevancia en la vida de las personas: la salud integral, la realización personal, y la contribución y el legado. En primer lugar, la salud integral se convierte en prioridad absoluta, pues mantener un buen estado físico y mental es crucial para disfrutar plenamente de esta etapa de la vida.

En segundo lugar, la realización personal se vuelve esencial, ya que, tras años de trabajo y responsabilidades familiares, muchas personas buscan descubrir nuevas facetas de su vida y desarrollar sus pasiones y hobbies. Este periodo puede ser una oportunidad para viajar, aprender cosas nuevas o dedicarse a actividades creativas que se quedaron en segundo plano.

Por último, la contribución y el legado adquieren un significado especial. Muchas personas encuentran satisfacción en compartir su experiencia y conocimientos con generaciones más jóvenes, volcándose en actividades de voluntariado, mentoría o transmitiendo tradiciones familiares. Asimismo, buscan dejar un legado, ya sea creando una fundación, escribiendo un libro o preservando la memoria familiar.

Estos tres aspectos se entrelazan y se complementan, permitiendo a los individuos de entre 60 y 80 años vivir una etapa plena y significativa. Veámoslos en detalle.

SALUD INTEGRAL

LA SALUD FÍSICA

A medida que el cuerpo atraviesa cambios naturales, es vital adoptar un estilo de vida saludable que incluya una dieta equilibrada, ejercicio regular y la gestión adecuada del estrés, además de chequeos médicos periódicos y una visión holística de la salud. La inversión en la salud física no solo mejora el cuerpo, sino que también contribuye al bienestar mental y emocional.

En la segunda mitad de la vida, es fundamental adoptar un enfoque proactivo hacia la salud de todos los sistemas corporales. Aquí hay algunas consideraciones clave para cada sistema, enfocadas en la previsión, el mantenimiento y el tener presente donde radica su importancia:

1. **Sistema Esquelético:** mantener una dieta rica en calcio y vitamina D, y realizar ejercicios de peso regularmente para preservar la densidad ósea y prevenir la osteoporosis. Es importante porque la densidad ósea tiende a disminuir con la edad, aumentando el riesgo de fracturas.

2. **Sistema Muscular:** hacer ejercicios de resistencia y fuerza en la rutina para combatir la pérdida de masa muscular asociada con el envejecimiento. Mantenerse activo también ayuda a preservar la movilidad y equilibrio. Es importante porque ayuda a mantener la independencia y reduce el riesgo de caídas y lesiones.

3. **Sistema Circulatorio/Cardiovascular:** adoptar una dieta balanceada baja en grasas saturadas y realizar ejercicio cardiovascular regularmente para mantener la salud del corazón y los vasos sanguíneos, reduciendo el riesgo de enfermedades cardiovasculares. Es Importante porque el riesgo de enfermedades cardiovasculares aumenta con la edad.

4. **Sistema Respiratorio:** evitar el humo del tabaco y otros contaminantes. Hacer ejercicios de respiración profunda o actividades como el yoga que ayuden a mantener la capacidad pulmonar. Es Importante porque la capacidad pulmonar tiende a disminuir con la edad, afectando la oxigenación y la calidad de vida.

5. **Sistema Nervioso:** mantener el cerebro activo con desafíos cognitivos, como rompecabezas o el aprendizaje de habilidades nuevas, puede ayudar a prevenir el declive cognitivo. La meditación y el manejo del estrés también son muy recomendables. Es importante porque: el mantenimiento de la función cognitiva es crucial para la independencia y calidad de vida.

6. **Sistema Endocrino:** mantener un peso saludable y una dieta equilibrada ayuda a regular los niveles hormonales, lo que es necesario para evitar los desequilibrios endocrinos que son comunes con la edad. Es importante porque los desequilibrios hormonales pueden afectar una amplia gama de funciones corporales y la salud en general en los años de la madurez.

7. **Sistema Inmunológico:** una dieta rica en antioxidantes y el descanso adecuado pueden fortalecer el sistema inmunológico. Las vacunaciones recomendadas también podrían ser necesarias para prevenir infecciones. Es importante porque el sistema

inmunológico se debilita con la edad, aumentando el riesgo de enfermedades.

8. **Sistema Digestivo**: consumir una dieta rica en fibra, mantenerse hidratado y realizar ejercicio regularmente, pueden ayudar a mantener la salud digestiva y prevenir problemas tales como el estreñimiento. Es importante porque la función digestiva se ralentiza con la edad, afectando la absorción de nutrientes.

9. **Sistema Urinario/Excretor:** la hidratación adecuada es esencial para el funcionamiento renal y para prevenir la formación de cálculos renales. Limitar el consumo de sal también ayuda a mantener la salud renal. Es importante porque la función renal tiende a disminuir con la edad, lo que requiere atención adicional para prevenir problemas.

10. **Sistema Reproductor:** realizar chequeos regulares y seguir las recomendaciones médicas para detección de condiciones como el cáncer de próstata en hombres y cáncer de mama y cervical en mujeres. Es importante porque el riesgo de ciertas enfermedades reproductivas aumenta con la edad.

11. **Sistema Tegumentario (Piel):** proteger la piel del exceso de sol y mantenerla hidratada contribuye en la prevención del cáncer de piel y minimiza el envejecimiento prematuro. Es recomendable hacerse revisiones dermatológicas si se notan cambios en la

piel tales como aparición de manchas y verrugas. Es importante porque la piel pierde elasticidad y se vuelve más susceptible a lesiones y enfermedades a medida que avanzamos en edad.

Cómo vemos, estas medidas son especialmente importantes en la madurez porque ayudan a preservar la función óptima de cada sistema mejorando la calidad de vida.

A medida que envejecemos, nuestros cuerpos naturalmente experimentan cambios que pueden aumentar el riesgo de aparición de ciertas condiciones de salud. Sin embargo, al tomar medidas proactivas para cuidar cada sistema del cuerpo, podemos mitigar muchos de estos riesgos y mantenernos saludables y activos por más tiempo. También nos ayuda en la prevención o progresión de enfermedades crónicas y para minimizar su impacto en nuestra vida diaria.

El enfoque en la prevención y detección temprana, más que en la alarma, nos permite afrontar los cambios relacionados con la edad de manera positiva y empoderada, reconociendo que muchas condiciones asociadas con el envejecimiento pueden ser manejadas, o incluso prevenidas con las acciones adecuadas.

Finalmente, al cuidar de nuestros sistemas corporales de manera integral, también fomentamos un envejecimiento saludable, lo que significa no solo vivir más años, sino también mejorar la calidad de esos años, manteniendo la independencia, la movilidad y la capacidad de participar en actividades que disfrutamos y que nos dan sentido a la vida.

La atención proactiva a la salud de los sistemas corporales en la madurez, contribuye de manera significativa con el arte de vivir y disfrutar en esta etapa de la vida. A continuación te presentaré los siete aspectos que considero más importantes:

1. **Promueve la Autonomía y la Independencia:** mantener una buena salud física permite a las personas maduras continuar realizando sus actividades, participar en pasatiempos y disfrutar de una vida social activa sin depender excesivamente de otros. Esto es crucial para la autoestima y la felicidad.

2. **Fomenta la Creatividad y la Participación:** una mente y un cuerpo saludables ofrecen la energía y la capacidad necesarias para explorar nuevas aficiones, aprender nuevas habilidades y participar en actividades comunitarias y creativas. Estas experiencias enriquecen la vida, promoviendo la alegría y la satisfacción personal.

3. **Mejora las Relaciones:** la salud física y mental posibilita una interacción social más rica y significativa. La capacidad de mantener relaciones personales profundas y satisfactorias es un pilar del bienestar emocional y se ve reforzada por la salud integral.

4. **Facilita la Adaptación a los Cambios:** una actitud proactiva hacia la salud ayuda a las personas a adaptarse mejor a los cambios asociados con la longevidad. La resiliencia física y mental permite enfrentar los desafíos de manera más efectiva, reducir el estrés y tener una actitud positiva ante la vida.

5. **Permite un Envejecimiento Activo y Saludable:** al cuidar de cada sistema corporal, se promueve un envejecimiento activo, lo cual nos permite continuar contribuyendo con la familia y la comunidad, ya sea a través del voluntariado, la mentoría o la participación en la vida cultural y artística. Este sentido de propósito es fundamental para una vida plena.

6. **Contribuye al Bienestar Emocional y Mental:** la actividad física regular y una dieta equilibrada tienen efectos positivos demostrados en la salud mental, incluyendo la reducción del riesgo de depresión y ansiedad. El bienestar emocional y mental es esencial para poder cultivar el arte de vivir bien a cualquier edad, pero especialmente en la madurez.

7. **Optimiza la Experiencia de Vida:** al mantener la salud y la vitalidad, podemos experimentar la vida de manera más plena y rica, aprovechando al máximo cada momento. La capacidad para viajar, explorar y disfrutar de la vida cotidiana sin impedimentos físicos significativos es un regalo invaluable.

Definitivamente, la relación entre la atención proactiva a la salud de los sistemas corporales y el arte de vivir y disfrutar en la edad madura, es profunda y multifacética. Al adoptar un enfoque holístico y proactivo hacia la salud, no solo podemos mejorar nuestra calidad de vida, sino también ofrecer valiosas lecciones sobre el bienestar, la resiliencia y la belleza de vivir a plenitud a las generaciones más jóvenes.

SALUD MENTAL Y COGNITIVA:

A partir de los 60 años algunas de las funciones o sistemas mentales pueden experimentar cambios y desafíos. En seguida se describen cómo pueden verse afectadas estas funciones y los aspectos a tener en cuenta:

- **Cognición:** en la edad madura puede haber un ligero deterioro en algunas habilidades cognitivas, como la velocidad de procesamiento de la información y la memoria de trabajo. Para preservar y fortalecer estas habilidades es importante mantener la mente activa con estimulación cognitiva regular como la lectura, los juegos de palabras y los rompecabezas,

- **Emociones:** en la segunda mitad de la vida pueden surgir diversos cambios emocionales, como fluctuaciones en el estado de ánimo, mayor vulnerabilidad emocional o dificultades para estabilizar las emociones. Es importante reconocer y validar las emociones propias, buscar apoyo social y practicar estrategias para mantener el bienestar en esta área.

146

- **Regulación emocional:** en la edad madura, puede requerirse un mayor esfuerzo para manejar las emociones y adaptarse a los cambios de la vida como la jubilación, la pérdida de seres queridos o la transición a roles diferentes. Es importante buscar estrategias individuales o terapia para fortalecer las habilidades de regulación emocional y afrontamiento saludable.

- **Conciencia:** la conciencia y la capacidad de atención pueden verse afectadas con la edad, resultando en dificultades para mantener el enfoque y la atención sostenida. Es crucial utilizar técnicas de gestión de la atención como la organización, la planificación y la práctica de la atención plena para optimizar la conciencia y el enfoque en la edad madura.

- **Imaginación y creatividad:** aunque la creatividad puede mantenerse en la edad madura, algunos individuos experimentan disminución en la imaginación y en la generación de ideas originales. Es necesario buscar oportunidades para estimular la creatividad y explorar nuevas formas de expresión artística o actividades intelectuales para tener activas estas facultades.

- **Atención y concentración:** en la edad madura puede ser más difícil mantener la atención y concentrarse en tareas específicas debido a distracciones y cambios en la capacidad de focalización. Crear un entorno propicio para la concentración, minimizando distracciones y emplear estrategias como la segmentación de tareas y descansos regulares para estimular la atención en un nivel óptimo, es lo aconsejable.

REALIZACIÓN PERSONAL Y PROPÓSITO

La realización personal se refiere a tener un sentido de plenitud, satisfacción y propósito, este es un aspecto crucial en todas las etapas de la vida, y la edad madura no es la excepción. A medida que avanzamos en años y acumulamos experiencias, es natural que busquemos un sentido más profundo y una satisfacción plena en nuestras vidas. En este momento podemos reflexionar sobre nuestras metas y prioridades, y explorar oportunidades que nos brinden satisfacción; se recomienda considerar nuevas pasiones y metas o retomar las que fueron postergadas y así lograr nuevos focos de interés.

A continuación te presento una lista de las características de una persona que se encuentra en la segunda mitad de la vida y se siente realizada:

1. Está consciente de sus fortalezas y debilidades.

2. Se conoce a sí misma en profundidad.

3. Tiene claridad sobre sus metas y propósito de vida.

4. Busca constantemente oportunidades de crecimiento personal y profesional.

5. Cultiva relaciones significativas y auténticas.

6. Se rodea de personas que la apoyan e inspiren en su búsqueda de propósito.

7. Ha desarrollado una actitud de gratitud y apreciación por la vida y sus experiencias.

8. Acepta y abraza los cambios propios de la segunda mitad de la vida.

9. Encuentra satisfacción en ayudar y contribuir al bienestar de los demás.

10. Valora su bienestar emocional y físico, y se cuida a sí misma.

11. Vive en coherencia con sus valores y principios, lo que le brinda una sensación de autenticidad.

12. Muestra resiliencia y perseverancia frente a los desafíos que pueda enfrentar.

13. Ha desarrollado una actitud de aprendizaje y curiosidad constantes.

14. Se permite explorar nuevas pasiones y hobbies para nutrir su sentido del propósito.

15. Se siente conectada con algo más grande que ella misma, ya sea a través de la espiritualidad, la naturaleza o la contribución a la sociedad.

Estas características representan diferentes aspectos de una persona que se encuentra en la segunda mitad de la vida y está experimentando un sentido de realización y propósito.

CONTRIBUCIÓN Y LEGADO

A medida que avanzamos en años y ganamos perspectiva, surge una necesidad cada vez mayor de hacer una diferencia duradera en el mundo y dejar una marca positiva en la vida de los demás. Contribuir y dejar un legado nos brindan un propósito más allá de nuestras metas y deseos inmediatos. Nos permite trascender nuestro yo y enfocarnos en algo más grande que nosotros mismos; nos convertimos en agentes de cambio y de impacto en el mundo. Podemos marcar la diferencia en ámbitos como la educación, el medio ambiente, la salud, la igualdad o cualquier otra causa que nos resuene.

Para contribuir y dejar un legado significativo en la edad madura, se deben identificar nuestras pasiones y valores, y encontrar formas prácticas de ponerlos en acción. Puede ser sirviendo como voluntarios en organizaciones benéficas, compartiendo conocimientos y experiencias a través de la enseñanza o la mentoría, involucrándose en proyectos comunitarios o emprendiendo iniciativas sociales o empresariales.

Hay personas ampliamente conocidas que son ejemplos claros de lo que significa trabajar en la contribución y dejar un legado relevante. A través de sus acciones y logros, ellas nos inspiran a seguir adelante e impactar nuestras vidas y la sociedad. Estos famosos, sean líderes políticos, artistas, científicos o filántropos, muestran que es posible marcar la diferencia y dejar un legado perdurable. Su dedicación y pasión por una causa, combinadas con sus habilidades y recursos, nos enseñan que podemos utilizar nuestras propias fortalezas y talentos para generar un cambio positivo en el mundo. Estos son algunos ejemplos.

- **Bill Gates:** después de cofundar Microsoft y convertirse en uno de los hombres más ricos del mundo, Gates se ha dedicado a la filantropía a través de la Fundación Bill y Melinda Gates. Su legado está en la lucha contra enfermedades, la mejora de la educación global y el desarrollo de tecnologías accesibles para comunidades desfavorecidas.

- **Oprah Winfrey:** como presentadora de televisión, productora y filántropa, ha dejado un legado duradero en la cultura popular y en la promoción de la superación personal y el empoderamiento de las mujeres. También ha utilizado su plataforma para abordar temas sociales y promover la educación.

- **Elon Musk:** con sus empresas como Tesla, SpaceX y SolarCity, Musk está revolucionando la industria del transporte y la energía. Su objetivo es acelerar la transición hacia un futuro sostenible y colonizar Marte, dejando un legado de innovación y avance tecnológico.

- **Michelle Obama:** como Ex primera Dama de los Estados Unidos, ha utilizado su influencia para abordar temas como la educación, la nutrición y el empoderamiento de las niñas. Ha dejado un legado en la promoción de un estilo de vida saludable y en el apoyo a jóvenes líderes a través de su iniciativa "Let's Move" y "Girls Opportunity Alliance".

- **David Attenborough:** como naturalista y presentador de documentales, ha dedicado su vida a preservar y documentar la naturaleza. Su legado radica en su trabajo en programas como "Life on Earth" y "Blue Planet", creando conciencia sobre los desafíos ambientales y promoviendo la conservación de la biodiversidad.

- *Julia Child:* a los 50 años comenzó a presentar un programa de cocina en la televisión y se convirtió en una figura influyente en el mundo culinario. Desarrolló un legado duradero como chef, autora de libros de cocina e inspiradora de generaciones de amantes de la buena mesa.

- **Mohamed Yunus:** es un economista y banquero de Bangladesh, conocido por sus esfuerzos pioneros en el desarrollo de las microfinanzas y la banca de microcréditos. Fundó el Grameen Bank, una institución que proporciona pequeños préstamos a personas de bajos ingresos, especialmente mujeres, para iniciar y expandir sus propios negocios. Su trabajo ha ayudado a millones de personas a salir de la pobreza y ha demostrado el poder transformador de la inclusión financiera y el empoderamiento económico.

Estos son solo algunos ejemplos, pero muchas personas encuentran su contribución y legado en diferentes áreas como la política, las artes, los negocios, la ciencia, la religión, entre otros. No hay límite de edad para hacer una diferencia significativa en el mundo.

Aunque no seamos personas famosas y el mundo no conozca nuestros nombres, todos tenemos la capacidad de contribuir y dejar un legado desde el lugar que ocupamos. Cada acción realizada con intención y bondad puede marcar la diferencia en la vida de alguien más, ya sea una sonrisa amable, un gesto de ayuda desinteresada o incluso palabras de aliento. Nuestro impacto puede extenderse a nuestras familias, amigos, compañeros de trabajo y comunidad.

Aquí tienes algunos ejemplos de personas no conocidas que podrían estar ejerciendo su contribución y legado en la segunda mitad de la vida.

Carolina, a sus 60 años, decidió abrir un pequeño negocio en su vecindario que ofrece talleres de artesanía para niños y adultos. Su objetivo es transmitir sus habilidades y conocimientos artísticos a la próxima generación y fomentar la creatividad en su comunidad.

Diego, a sus 55 años, se convirtió en voluntario en un refugio de animales. Él dedica su tiempo y energía para cuidar y rehabilitar a los animales abandonados, ayudándolos a encontrar hogares amorosos y mejorando su calidad de vida.

Juliana; después de trabajar en el mundo corporativo durante décadas, a los 50 años, decidió dejar su trabajo y comenzar a enseñar yoga a personas mayores. A través de sus clases, ayuda a sus alumnos a mantener una buena salud física y mental, promoviendo un envejecimiento saludable y activo.

Sergio, a sus 60 años, decidió dedicarse a la jardinería y a la agricultura sostenible. Utilizando prácticas ecológicas, cultiva su propia comida y comparte sus conocimientos con otras personas *interesadas en aprender a cultivar.*

Clara,a sus 70 años, se convirtió en una tutora voluntaria en una organización que ayuda a adultos a aprender a leer y escribir. Ella trabaja con personas de todas las edades que han tenido dificultades en el pasado y les brinda la oportunidad de mejorar sus habilidades de lectura y escritura, dándoles más oportunidades en la vida.

Cada uno de nosotros tiene un conjunto único de habilidades y pasiones que pueden ser utilizadas para hacer una diferencia positiva en las comunidades y en el mundo.

CAMBIOS, ACCIONES Y RETOS EN LA EDAD MADURA

A partir de los 60 años, las personas experimentan con mayor intensidad cambios en las distintas áreas y roles de su vida; pueden ver cómo su mente, su cuerpo, su imagen, sus relaciones, su productividad y su vida social se van distanciando de la forma como funcionaban en sus primeros 50 años. Veamos:

- Hay cambios en la dinámica familiar con los hijos adultos, la presencia de los nietos, la ausencia de familiares y un posible cambio de residencia.

155

- Hay más posibilidades de cambios en el estado de la salud con la aparición de enfermedades crónicas o incapacidades, disminución de las facultades físicas, problemas con la dentadura, enfermedades hereditarias, dificultades para funcionar y molestias en el cuerpo.

- Aumentan las posibilidades de cambios en el funcionamiento cognitivo, tales como: declive en la memoria, en la capacidad de procesamiento, en el rendimiento intelectual, en la velocidad del pensamiento y algunos aspectos del lenguaje.

- Se hace necesario hacer cambios en el estilo de vida, en el funcionamiento social y el desempeño laboral. Algunos ejemplos son: una alimentación diferente, nuevos hábitos en lo que respecta al sueño y al descanso, dejar de practicar ciertos deportes, la reducción de actividades y de la participación en eventos sociales, la llegada de la jubilación, la pérdida de la autonomía, menos interacción con los amigos, colegas y relacionados, y más tiempo de ocio.

- Cambios a nivel psicológico y conductual, producto de las experiencias vividas, cómo fueron procesadas y manejadas, cambios asociados a la actitud ante el propio envejecimiento.

Gracias a los avances científicos y tecnológicos antes mencionados, tenemos posibilidades de tener una larga vida en pleno uso de facultades físicas, mentales y sociales. Hoy podemos decir que la madurez tampoco es un puerto de llegada, ni un lugar de descanso y bienestar gratuito. En esta etapa se seguirán presentando desafíos que van a requerir de un manejo inteligente y un nuevo repertorio de respuestas; para ello podría ser necesario adquirir nuevos aprendizajes.

RETOS MAS FRECUENTES EN LA EDAD MADURA:

- **Cambios en la imagen:** a medida que pasan los años, es natural que la apariencia física cambie. La falta de aceptación de estos cambios puede generar inseguridades y disminuir la autoestima. La persona puede enfrentarse a sentimientos de tristeza o pérdida de identidad relacionados con su imagen, lo que requerirá de un proceso de adaptación y una mayor valoración de su autoconcepto más allá de la apariencia física.

- **Pérdida del trabajo:** la jubilación o el desempleo pueden generar un sentimiento de privación de propósito y significado. La persona puede enfrentar la transición a la jubilación con ansiedad o temor al futuro, especialmente si su identidad y sentido de logro estaban vinculados al trabajo. Es importante el apoyo en la búsqueda de nuevas formas de encontrar satisfacción y sentido en esta nueva etapa de la vida.

- **Monotonía en el matrimonio:** después de muchos años de estar casados, algunas parejas pueden experimentar aburrimiento en la relación. La falta de novedad y emoción los puede llevar a sentirse desconectados o insatisfechos en su vida de pareja. En esta situación es esencial la comunicación abierta y el esfuerzo compartido para revitalizar la relación y encontrar nuevas actividades o intereses para compartir juntos.

- **Viudez:** la pérdida del cónyuge puede ser una experiencia devastadora en la tercera edad. La viudez puede llevar a sentimientos de soledad, tristeza y un profundo vacío emocional. El proceso de duelo puede ser largo y difícil, y es importante brindar apoyo emocional y comprensión a la persona que lo vive mientras se adapta a la nueva realidad de la vida sin su pareja.

- **Vida en pareja cuando los hijos no están:** cuando los hijos se independizan y ya no viven en casa, la vida en el hogar puede cambiar significativamente; los esposos pueden experimentar una sensación de vacío o desorientación al enfrentar una nueva dinámica familiar. En esta etapa es esencial redescubrirse como pareja y encontrar nuevas formas de conexión y disfrute mutuo.

- **Crisis emocionales:** a lo largo de la vida se presentan crisis emocionales relacionadas con eventos estresantes o traumáticos. En la tercera edad estas crisis pueden ser especialmente desafiantes, ya que la persona puede tener menos recursos emocionales y físicos para enfrentarlas. El apoyo emocional y la búsqueda de ayuda profesional son fundamentales para afrontar estas situaciones con resiliencia.

- **Cambios en la economía:** estos cambios logran afectar significativamente la calidad de vida de una persona en la edad madura. Pueden surgir preocupaciones sobre la estabilidad financiera, el acceso a cuidados médicos o la capacidad para satisfacer necesidades básicas. En esta situación, es esencial contar con un plan financiero adecuado y buscar apoyo de recursos comunitarios disponibles.

ACCIONES FUNDAMENTALES EN LA EDAD MADURA:

1. **Valorar tu trayectoria de vida:** dedica tiempo regularmente a reflexionar sobre tu vida. Mira atrás y reconoce tus logros, superaciones y momentos felices. Piensa en cómo tus experiencias han contribuido a tu crecimiento personal y al bienestar de otros.

   Adriana, una mujer de 55 años, ha trabajado como maestra durante tres décadas. Valora su trayectoria de vida al mirar hacia atrás y ver el impacto positivo que ha tenido en la educación de cientos de estudiantes a lo largo de los años.

2. **Fomentar tu autonomía:** identifica áreas en las que te gustaría tener más control y adopta medidas para lograrlo. Podría ser aprender nuevas habilidades, tomar decisiones financieras independientes o iniciar un proyecto personal que te apasiona.

Gabriel, un hombre en su edad madura, vive solo y se encarga de todas las tareas domésticas, desde la limpieza hasta la cocina. Ha aprendido a cuidar de sí mismo y tomar decisiones independientes en su vida diaria. Se siente empoderado y capaz, lo que le da una sensación de autonomía y autodeterminación.

3. **Fortalecer la toma de decisiones:** antes de una decisión importante, identifica todas las opciones disponibles y evalúa sus posibles resultados; considera cómo cada alternativa impactará tu vida. Asume la responsabilidad de tus decisiones; acepta que, aunque otros te aconsejan, al final eres el responsable. Aprende a tomar lecciones de ellas, ya sean positivas o negativas, y ajusta tu enfoque en el futuro. No temas consultar a personas de confianza o expertos en el área relevante.

Ignacio, un hombre en su edad madura, ha pasado por muchas experiencias de vida que le han enseñado a evaluar cuidadosamente las opciones antes de tomar una decisión. Él tiene una mentalidad analítica y reflexiva que le permite decidir bien luego de informarse.

4. **Identificar cómo puedes aportar valor a tu entorno:** investiga organizaciones locales o grupos en los que puedas contribuir con tu tiempo y habilidades. Voluntariados, mentorías o simplemente ayudar a vecinos pueden ser excelentes formas de aportar valor a tu comunidad.

Paula, una mujer en edad madura, se ha dado cuenta de sus conocimientos y habilidades en cocina y se ofrece como voluntaria en un centro comunitario para enseñarles a otros a preparar los alimentos de forma saludable y económica. Ella ha encontrado una forma de contribuir a su comunidad y compartir su pasión por la cocina.

5. **Convertir tus pequeñas ideas en proyectos valiosos:** escribe todas tus ideas, por pequeñas que parezcan. Luego, elige una que te entusiasme y elabora un plan para llevarla a cabo. Divide el proyecto en pasos realizables y trabaja en ellos de manera consistente hasta completarlo.

> *Ángel, un hombre en su edad madura, siempre ha tenido una gran pasión por la carpintería. Decide convertir su pasatiempo en un negocio; diseña y fabrica muebles de madera únicos. Disfruta cada proyecto y encuentra satisfacción en que sus creaciones sean apreciadas y utilizadas por otros.*

6. **Preguntarte cómo puedes seguir mejorando:** investiga cursos en línea, instituciones educativas locales o programas de educación para adultos. Establece metas de aprendizaje realistas y dedica tiempo cada semana para estudiar y practicar. No tengas miedo a explorar.

Lucia, una mujer en su edad madura, nunca deja de buscar oportunidades para aprender y crecer. Asiste a cursos y talleres, lee libros y se rodea de personas que la inspiran. Siempre está buscando formas de mejorar y desarrollarse personal y profesionalmente.

7. **Hacer un banco de pequeñas alegrías cotidianas:** registra cada día al menos una cosa que te haya dado felicidad. Podría ser una llamada agradable, un buen libro, una comida deliciosa o un momento de tranquilidad. Al final de la semana revisa tus entradas y reflexiona sobre ellas para recordar las cosas positivas en tu vida diaria.

Guillermo, un hombre en su edad madura, tiene una lista de pequeñas cosas que le alegran el día: una taza de café caliente por la mañana, pasear por el parque y leer un buen libro antes de dormir. Al enfocarse en estas pequeñas alegrías diarias, se siente agradecido y feliz.

8. **Encontrar nuevos propósitos:** explora áreas de interés que siempre hayas tenido y que quieras profundizar. Podría ser arte, música, deportes, voluntariado, etc. Inscríbete en clases, participa en talleres o únete a grupos locales relacionados con esas actividades.

> *Valeria, una mujer en su edad madura, decide involucrarse en organizaciones benéficas y asumir proyectos relacionados con causas sociales que le apasionan. Encuentra un nuevo propósito en ayudar a los demás y se siente realizada al contribuir a que el mundo sea un lugar mejor.*

9. **Seguir aprendiendo y encontrando motivos para celebrar:** programa tiempo para actividades que te brinden felicidad. Pueden ser salidas con amigos, pasatiempos creativos, explorar la naturaleza o viajar. Ten en cuenta mantener un equilibrio entre tus responsabilidades y el tiempo dedicado a disfrutar de la vida.

> *Raúl, un hombre en su edad madura, nunca deja de buscar formas de aprendizaje. Se inscribe en cursos online, aprende a tocar un instrumento y descubre nuevos hobbies. Además, celebra sus logros, por pequeños que sean, como aprender una nueva habilidad o completar un proyecto personal.*

10. **Tener presente que la edad cronológica no te define:** estudia historias de personas que hayan logrado grandes cosas a una edad avanzada. Lee sobre sus logros y cómo desafiaron las expectativas para alcanzar sus objetivos. Recuérdate a diario que tu valor no está determinado por tu edad, sino por tus acciones, conocimientos y la forma en que impactas en el mundo y en las personas que te rodean.

Inés, una mujer en su edad madura, es un ejemplo de no dejarse limitar por sus años. A pesar de los estereotipos negativos relativos a su edad, ella continúa explorando nuevos intereses, manteniendo relaciones significativas y disfrutando de una vida activa y plena. Su actitud inspira a otros a romper barreras y vivir sin limitaciones impuestas por la sociedad.

LAS BANDERAS ROJAS:

Las banderas rojas son utilizadas en diversas situaciones para indicar peligro o advertir sobre una condición potencialmente riesgosa. En la edad madura, las banderas rojas se refieren a estados emocionales que aparecen inconscientemente como señal de alerta para avisarnos que estamos en riesgo de entrar en un círculo vicioso que puede conducir a la disminución personal, melancolía, deterioro y se convierten en bloqueos que impiden disfrutar el camino. Las más frecuentes son:

1. **Pérdida de sentido y propósito de la vida:** a medida que envejecen, algunas personas pueden

sentir que han perdido el propósito que solían tener en su vida. Pueden enfrentar desafíos como la jubilación, la pérdida de seres queridos y una disminución en las responsabilidades laborales o familiares. Esos cambios pueden llevar a una sensación de vacío y falta de dirección, lo que a su vez puede contribuir a la depresión y la ansiedad.

2. **Aburrimiento y apatía:** estos aparecen cuando las personas se encuentran con una disminución de las actividades y responsabilidades diarias. La falta de estimulación mental y social puede llevar a sentir que los días son monótonos y carentes de interés. Igualmente, la carencia de desafíos y nuevas experiencias puede contribuir a la apatía y al deterioro del bienestar emocional.

3. **Tristeza generalizada:** puede tener múltiples causas, como la pérdida de amigos y seres queridos, la salud debilitada, la sensación de aislamiento social y los cambios en las rutinas diarias. Estos factores pueden acumularse y contribuir a una nostalgia persistente que afecta el bienestar emocional y la calidad de vida en general. Es importante abordar estos sentimientos para evitar la depresión.

4. **Enfoque constante en el pasado:** al avanzar durante la segunda mitad de la vida es natural recordar el pasado, pero algunas personas se quedan atrapadas en esos recuerdos y vivencias anteriores, lo que puede

llevar a un estancamiento en la vida presente y a dificultar la adaptación a los cambios actuales. Vivir en el pasado puede limitar las oportunidades para crear nuevas memorias y experimentar el presente de manera plena.

5. **Falta de disfrute en actividades previas:** algunas personas en su edad madura pierden el interés en actividades que solían disfrutar, debido a limitaciones físicas, cambios en las preferencias personales o la percepción de que ya no son apropiadas para su edad. La falta de participación en actividades placenteras puede contribuir a la sensación de vacío y tristeza.

6. **Pérdida de la confianza en sí mismo y baja autoestima:** los cambios naturales del cuerpo y las alteraciones en la apariencia, como la aparición de canas, arrugas y pérdida de masa corporal, así como las transiciones importantes en la vida productiva, la exposición constante a imágenes y logros de otras personas y las experiencias negativas vividas, pueden socavar gradualmente la confianza en sí mismo y afectar la autoestima y valía basadas en la imagen social.

7. **El miedo al envejecimiento:** a medida que las personas envejecen pueden experimentar temores y preocupaciones relacionadas con los cambios físicos y de salud. La disminución de la energía, la aparición de enfermedades crónicas, la pérdida de fuerza y

movilidad, pueden generar miedos relacionados con la calidad de vida, la capacidad de disfrutarla y la autonomía física o mental.

8. **La soledad no elegida, el aislamiento y la falta de conexiones:** durante la segunda mitad de la vida es posible que las personas experimenten cambios significativos en sus relaciones y conexiones sociales. La suspensión de la vida laboral, la pérdida de seres queridos, el alejamiento de amigos o la movilidad reducida, pueden conducir a una soledad no deseada y a la falta de interacciones sociales que afectan el bienestar y generan desconexión y tristeza.

9. **El miedo a llegar al final de la vida:** a medida que nos acercamos a la última etapa de la vida es común experimentar cierta ansiedad y miedo relacionados con la muerte y nuestra finitud. Asimismo, la incertidumbre acerca de lo que sucede después de la muerte, los sentimientos de pérdida de control o la preocupación por el bienestar de los seres queridos que dejamos atrás. También, el final de la vida puede relacionarse con la reflexión sobre metas no alcanzadas o arrepentimiento por oportunidades perdidas.

DEL ÉXITO AL SIGNIFICADO:

En cierto punto de nuestro viaje vital, experimentamos un cambio profundo que nos impulsa a pasar del éxito superficial al significado verdadero. En algún momento, alrededor de los 60 años, surge en nosotros una necesidad imperante de elevar nuestros niveles de conciencia y embarcarnos en una transformación interior. Para desplazarnos desde el éxito hacia el significado auténtico es necesario cultivar una mayor conciencia de nosotros mismos y del mundo que nos rodea. Esta transformación interior nos abre las puertas hacia una vida más plena y satisfactoria. Es a través de este viaje que podremos encontrar un verdadero sentido de trascendencia y plenitud.

La edad madura, propiamente dicha, es el tiempo idóneo para reevaluar nuestras prioridades, bajar la intensidad y buscar la profundidad en nuestras vivencias. En lugar de correr sin cesar en busca de metas externas, es la oportunidad de detenernos y examinar nuestro interior, de conectar con quien realmente somos, y explorar nuevos horizontes. Es el momento de encontrar un sentido más profundo en nuestras relaciones, de nutrir nuestras conexiones y compartir experiencias significativas con aquellos que amamos. Es también la época de adentrarnos en nuestro propio ser, de cultivar nuestra sabiduría y gratitud, y de disfrutar de los pequeños placeres de la vida.

SIETE GRANDES IMPULSORES:

En la búsqueda de una transformación de conciencia y un crecimiento interior, es fundamental encontrar impulsores que nos guíen y fortalezcan. Estos son herramientas poderosas que nos acompañan y nos motivan a realizar el cambio necesario en nuestras vidas. A continuación te presentaré siete poderosos impulsores que te brindarán la posibilidad de elevar tus niveles de conciencia y alcanzar una transformación profunda. A través de ellos serás capaz de conectarte con tu verdadera esencia, superar tus límites y encontrar un mayor sentido de propósito y realización. Te invito a utilizarlos como guías para transformar tu vida.

1. **Trabajar menos y disfrutar más:** en la segunda mitad de la vida es importante encontrar un equilibrio entre la vida laboral y personal; significa dedicar más tiempo a actividades placenteras y a disfrutar de momentos de descanso y ocio. Para lograrlo, debes establecer límites laborales, delegar tareas y priorizar el bienestar emocional y físico.

"Es hora de equilibrar mi vida laboral y personal, dedicando tiempo a disfrutar y a encontrar el placer en las pequeñas cosas". Mujer, 62 años.

2. **Menos apariencia y más autenticidad:** en lugar de preocuparse por cumplir con estándares de belleza o impresionar a los demás, en la segunda mitad de la vida se valora la autenticidad y la aceptación de uno mismo. Esto implica dejar de lado la preocupación por la imagen y enfocarse en ser fiel a los propios valores, intereses y necesidades.

> *"Decido ser yo misma, sin preocuparme por las expectativas de los demás, encontrando la belleza en mi autenticidad". Mujer, 68 años.*

3. **Menos drama y más serenidad:** en esta etapa de la vida es común buscar tranquilidad y paz interior. Significa alejarse de situaciones o relaciones tóxicas que generen conflicto o estrés innecesario. Para ello es importante establecer límites saludables, practicar técnicas de relajación y cultivar una actitud de aceptación y serenidad.

> *"Me alejo de las personas y situaciones que generan caos en mi vida, buscando la serenidad y la paz interna". Hombre, 70 años.*

4. **Menos agitación y más rendimiento:** en lugar de estar constantemente ocupado o estresado, en la segunda mitad de la vida se busca un enfoque más calmado y eficiente en las tareas y responsabilidades. Implica aprender a priorizar, delegar y manejar el tiempo de manera más efectiva. El objetivo es lograr un rendimiento óptimo sin sobrecargarse.

> *"Aprendo a priorizar, delegar y administrar mi tiempo de manera eficiente, para lograr rendimiento sin agotarme". Hombre, 65 años.*

5. **Menos complejidad y más minimalismo:** en esta etapa se busca simplificar y reducir la complejidad en diferentes aspectos, como deshacerse de objetos o posesiones innecesarias, eliminar compromisos o responsabilidades que no aporten satisfacción y buscar una vida más simple y menos exigente. El minimalismo ayuda a liberar espacio físico y mental, permitiendo mayor claridad y tranquilidad.

> *"Libero mi vida de lo innecesario, simplificando mi entorno y enfocándome en lo verdaderamente importante". Mujer, 73 años.*

6. **Menos grandilocuencia y más sencillez:** en lugar de buscar el reconocimiento o la admiración externa, en la segunda mitad de la vida se valora más la sencillez y la humildad. Significa dejar de lado la necesidad de demostrar constantemente los logros o éxitos, y en su lugar, buscar la felicidad y la realización personal en pequeñas cosas cotidianas, lo que significa enfocarse en lo esencial y encontrar la belleza en lo simple de la vida.

> *"Encuentro la belleza en la simplicidad de las cosas, dejando de lado la necesidad de demostraciones extravagantes". Hombre, 75 años.*

7. **Menos secundario y más prioritario:** cambiar el enfoque de la vida, alejándose de las distracciones y dedicando tiempo, energía y recursos a lo realmente importante. Al dejar atrás lo secundario y abrazar lo prioritario, creamos espacio para una vida más auténtica y satisfactoria.

En lugar de sentirnos abrumados por las demandas y distracciones de la vida moderna, cultivamos una mayor claridad y enfoque en lo que nos motiva y nos hace sentir plenos, lo cual nos permite vivir más alineados con nuestros valores, sueños y metas, y nos conduce por un camino de mayor realización y éxito auténtico.

> *"Al centrarme en lo esencial y dejar de lado lo superfluo, he descubierto el poder transformador de priorizar lo que realmente importa, encontrando una vida más plena y significativa".* **Mujer, 61 años.**

LA GENERACIÓN SÍLVER:

En el capítulo dos mencioné brevemente este grupo de personas. Aquí profundizaré en su identidad. Esta denominación se le da a quienes están en la franja comprendida entre los 56 años hasta la década de los 70, y se caracterizan porque su edad biológica, conductas y actitudes no se corresponden con su edad cronológica.

La "generación silver" tiene un estilo de vida orientado a encarar la edad madura con energía, salud y preparación; miran la madurez como una etapa de exploración, nuevas decisiones y estrategias, y, por ende, mantienen una conducta particular reflejada en acciones como las siguientes:

- Cuidan de sí mismos, sus relaciones y sus finanzas.

- Continúan trabajando y desarrollando proyectos.

- Tienen claramente definido cómo quieren vivir los treinta años siguientes.

- Disfrutan de una vida autónoma, activa e independiente y no giran alrededor de los hijos ni de los nietos.

- Gozan de un sentido de libertad y disfrute igual o mayor que en décadas anteriores.

- Están más enfocados en lo que les interesa ser y hacer, que en demostrar su valía y recibir aprobación.

- Ven los años de la madurez como el segundo tiempo.

- Redefinen y resignifican su vida, sus relaciones y su identidad laboral.

- Aunque no son nativos digitales, utilizan la tecnología como parte de su cotidianidad.

- Sus conocimientos unidos a su paciencia, perseverancia, experiencia y visión a largo plazo les permite ser un factor diferenciador en el mundo laboral frente a los millennials o la generación Z.

- Son personas con altos índices de satisfacción en su vida.

Rasgos que reflejan la descripción de personas inmersas en la "generación sílver":

- Generan ingresos económicos.

- Toman decisiones previas a la jubilación para seguir siendo productivos.

- Valoran la belleza, el deporte, los viajes y el ocio.

- Están abiertos a aprender y a disfrutar.

- No tienen miedo a las nuevas tecnologías.

- Tienen una actitud positiva, desenfadada y poco angustiada con respecto a la edad.

- Generalmente, aparentan entre cinco y diez años menos de su edad real.

- Aun cuando se jubilan, les interesa seguir trabajando.

Como desarrollar una mentalidad sílver:

Para llegar a tener una mentalidad sílver se necesita incorporar estos cinco factores al estilo de vida:

1. Abrirse a la tecnología.

2. Tener flexibilidad ante los cambios.

3. Mostrar apertura frente a lo que es diferente y disruptivo.

4. Hacer conexiones valiosas.

5. Trabajar en sí mismo y seguir aprendiendo.

La generación sílver surge gracias a la combinación de energía, autonomía y preparación de las personas que en la segunda mitad de su vida están interesadas en aprovechar todas las oportunidades y alternativas que ofrece el mundo actual. A esto hay que añadir que las personas de la generación sílver, es decir, de los años plateados, han adquirido una nueva filosofía sobre el trabajo que les ha permitido pasar de:

Debemos sustituir "El deber antes que el querer" por "El querer antes que el deber".

Tamara Erickson, conferencista y autora estadounidense, dice que en la actualidad los sílver son un desafío para las empresas y organizaciones. La economía silver, o economía plateada, es considerada por muchos autores como la economía del futuro y el motor que permitirá el desarrollo económico después de la pandemia.

Otro factor diferenciador de los sílver, que resulta muy interesante y hace un aporte a la sociedad, es que a pesar de que se les hace difícil adaptarse a lo que el sociólogo Zigmund Bauman llama: "El mundo Vica (mundo Volátil, Incierto, Complejo y Ambiguo)", ellos pueden contribuir con otro modelo "Vica": Visión, Introspección, Conocimiento y Adaptación.

La generación sílver es un cambio de paradigma que invita a las personas a ver la edad madura con determinación. Es un recordatorio de que cada arruga y cada cana cuentan una historia y son parte de una narrativa en constante evolución, cargada de pasión, autenticidad, significado y enfocada en desterrar los estigmas asociados con la edad.

LA CURVA DE LA FELICIDAD EN LA EDAD MADURA:

La vida es un viaje lleno de etapas, una sucesión de momentos y experiencias que nos transforman, nos desafían, y si estamos dispuestos a aprender, nos llevan a la plenitud. En este fascinante recorrido llega un punto especial que a menudo se subestima: la edad madura. Es en ese tramo del camino donde reside la curva de la felicidad; un regalo poderoso que muchos no anticipan. Es el momento en que la vida nos reserva una sorpresa, un regalo oculto que despliega su magnitud cuando muchos pensaban que lo mejor ya había pasado.

La edad madura no es simplemente una cifra en el reloj biológico; es un estado de ánimo, una perspectiva y una actitud ante la vida. Es cuando nos damos cuenta de que somos capaces de más de lo que imaginamos, de que hemos acumulado sabiduría a largo de los años y tenemos la valentía de liberarnos de las cadenas que nos han limitado.

En la juventud y en la adultez temprana nos enfocamos en las metas externas, en alcanzar logros y cumplir expectativas sociales; sin embargo, en la madurez, la mirada se vuelve hacia adentro. Nos damos cuenta de que la verdadera felicidad no proviene solo de lo que poseemos o logramos, sino de cómo nos sentimos en nuestro interior y cómo vivimos nuestras vidas de manera auténtica.

La curva de la felicidad en la edad madura nos invita a liberarnos de las expectativas impuestas por otros y de la presión de conformarnos con un molde preestablecido. Nos otorga el permiso de vivir según nuestros propios términos y de explorar nuestras pasiones y sueños postergados. Es un tiempo para redescubrir quiénes somos realmente y qué queremos en esta etapa de la vida.

Para acceder plenamente a este regalo de vida, es fundamental liberarse de las ataduras que limitan. Hay que liberarse del miedo al juicio ajeno y de la autocrítica desmedida; soltar las creencias limitantes sobre lo que se espera de nosotros y abrazar lo que realmente deseamos. Es un proceso de desprendimiento, de dejar ir las cargas innecesarias que hemos acumulado en el viaje y abrir espacio para la autenticidad y la alegría.

La edad madura es la época de atesorar relaciones significativas, de invertir tiempo en las personas que realmente importan y en las actividades que nutren el alma. Es la oportunidad para viajar por caminos desconocidos, aprender nuevas habilidades y contribuir a la comunidad de formas que antes no habíamos considerado.

Lo mejor del camino aún está por venir.
¡La curva de la felicidad nos espera, y es
nuestro momento de brillar!

LAS ETAPAS DE LA SEGUNDA MITAD DE LA VIDA

Cada amanecer en nuestra madurez es un recordatorio de nuevos comienzos posibles, y cada atardecer, una invitación a reflexionar con gratitud sobre el viaje recorrido.

Este sol, con su promesa de amaneceres llenos de posibilidades y atardeceres que invitan a la paz y la gratitud, es un símbolo de cómo, a cualquier edad, podemos abrazar cada día como una oportunidad para la renovación personal y el crecimiento continuo. El sol naciente o poniéndose, en ese preciso momento de transición, ha venido para hablarnos sobre la belleza de los comienzos y las conclusiones, y a recordarnos que en la segunda mitad de la vida, estos ciclos diarios adquieren un significado aún más profundo. Se hace presente en este libro como un recordatorio de que, el arte de vivir no tiene fecha de caducidad, de que estamos rodeados de oportunidades para reinventarnos y de que cada día nos brinda a todos un nuevo escenario para amar, aprender, apreciar la belleza de vivir y dejar una huella luminosa en el mundo que nos rodea.

CAPÍTULO 6

VEJEZ Y ANCIANIDAD

La vejez y la ancianidad son etapas únicas donde el tiempo adquiere un nuevo matiz. Durante la juventud y la adultez temprana sentimos que el tiempo vuela, que pasa rápido, pero a medida que envejecemos se ralentiza y adquiere un significado diferente.

Son épocas de declive en términos de capacidades físicas, pero también pueden ser etapas de sabiduría y autenticidad; el descanso y la serenidad se entrelazan con las limitaciones y la pérdida de la vitalidad. Es importante tener presente que no solo son tiempos de menos; también son tiempos de más.

A partir de los 80 comienza el proceso de envejecimiento cuando se compromete el rendimiento y puede darse una pérdida significativa en la calidad de vida, lo cual se irá agudizando a medida que se sigan cumpliendo años. Luego, a los 90 años, se manifiesta la ancianidad que finaliza con la muerte física.

La vejez ha sido vista principalmente como la última etapa del ciclo de la vida, como el punto de inflexión, donde disminuyen las facultades físicas y mentales, en la que se deteriora la salud, cambian los roles sociales y la persona se va haciendo dependiente e improductiva. El mensaje subyacente que hay en esta creencia es: mientras seas adulto vas a saber qué hacer, pero cuando llegue la vejez, resígnate, sopórtala y cruza los dedos para que todo salga bien.

DIFERENCIA ENTRE VEJEZ Y ANCIANIDAD:

La vejez y la ancianidad son dos términos que a menudo se utilizan indistintamente para referirse a la etapa de la vida en la que una persona alcanza una edad avanzada. Sin embargo, es importante destacar que existen diferencias significativas entre los dos conceptos. En primer lugar, es necesario definir ambos términos para comprender mejor su alcance.

La vejez se refiere al período de la vida en el que una persona alcanza una edad avanzada. Aunque alrededor de los 80 años es cuando se manifiesta, se empieza a gestar desde los 65. Por otro lado, la ancianidad se refiere a una etapa posterior a la vejez, caracterizada por la fragilidad física y la dependencia.

Esta distinción es relativa, ya que la vejez puede ser un tiempo en el que las personas aún pueden gozar de cierta autonomía y vitalidad, seguir siendo productivas, participar en actividades sociales y mantenerse activas física y mentalmente. Mientras que la ancianidad se caracteriza por un mayor deterioro físico, limitaciones, enfermedades crónicas, reducción de las funciones cognitivas y, por tanto, necesidad de cuidados y asistencia.

Además de los factores físicos, la sociedad y la cultura establecen estándares y estereotipos en torno a la edad, e influyen en la manera en que se perciben y se definen la vejez y la ancianidad, lo que a su vez determina cómo son abordadas y tratadas.

CARACTERÍSTICAS PRINCIPALES:

Los cambios más importantes son fisiológicos, en la salud, en la actividad, en los patrones de sueño, en la percepción, en los roles sociales, en la sexualidad, en la apariencia y en el autoconcepto.

- Se va perdiendo interés por los acontecimientos de la vida y viviendo más en función del pasado. El futuro no ofrece mucha perspectiva.

- La autonomía empieza a verse afectada y las personas pueden volverse dependientes.

- Las personas ya no generan ingresos activos, su dinero proviene de un ingreso fijo, del ahorro, de sus rentas, de la seguridad social, de una pensión o de la ayuda de familiares.

- Estas características no se manifiestan de la misma manera en todas las personas, en unos aparecen con más fuerza y en otros con menor intensidad. Su aparición depende de la genética y del estilo de vida de años anteriores.

Los cinco cambios más importantes:

Basado en la observación e investigación, podríamos decir que los cinco cambios más significativos que se manifiestan en las personas que entran en la etapa de la vejez son:

1. En el funcionamiento del organismo.

2. En la actividad física e intelectual.

3. En la conducta.

4. En los roles sociales.

5. En la filosofía de vida.

La vejez y la ancianidad son dos etapas de la vida que conllevan aspectos positivos y adversos que merecen ser explorados. Conocerlos nos permitirá comprender mejor y reflexionar sobre cómo abordarla de manera integral y satisfactoria.

Adversos:

La vejez puede ser considerada una etapa de declive y deterioro debido a los siguientes elementos ya antes mencionados:

1. Decadencia de las funciones físicas.

2. Enfermedades crónicas.

3. Pérdida sensorial y cognitiva.

4. Dependencia y necesidad de cuidados.

5. Aislamiento y soledad no elegida.

6. Actitudes condescendientes y exclusiones injustas.

7. Inseguridad financiera.

8. Discriminación y estereotipos.

9. Pérdida de roles y propósitos.

10. Ridiculización por comportamiento y apariencia.

Es de destacar que existen diferentes formas de envejecer. Algunas personas mantienen una buena salud y autonomía durante gran parte de su vida, mientras que otras, enfrentan mayores dificultades. La clave está en proporcionar el apoyo, los cuidados adecuados y garantizar el bienestar y la calidad en el proceso de envejecimiento.

Positivos:

Es necesario reconocer que esta etapa también está repleta de aspectos positivos y valiosos. Diez elementos positivos que podemos encontrar en la vejez y ancianidad son:

1. Sabiduría.

2. Perspectiva única.

3. Mayor autoconocimiento.

4. Mayor capacidad para disfrutar del presente.

5. Mayor profundidad en las relaciones.

6. Generosidad y altruismo.

7. Creatividad a través de diferentes formas de expresión.

8. Oportunidad de legado.

9. Menos preocupación por la opinión de los demás.

10. Mayor tiempo para disfrutar de los placeres simples.

Los aspectos positivos de la vejez no surgen de manera espontánea, requieren trabajo consciente y son producto de la experiencia acumulada a lo largo de la madurez; aprendemos lecciones y nos desarrollamos personalmente. Es en el proceso de crecimiento y autodescubrimiento que construimos los cimientos para disfrutar plenamente de la vejez.

PÉRDIDAS, TRAMPAS Y ENEMIGOS:

Los lamentos acompañan a muchas personas en esta etapa de la vida. La vejez está marcada por la pérdida de seres queridos: los familiares y amigos cercanos comienzan a fallecer, lo que puede llevar a un sentimiento de soledad y tristeza. Asimismo, la acumulación de pérdidas puede llegar a ser abrumadora, el recuerdo de los que ya no están se puede convertir en una carga emocional pesada.

Otro factor que impacta fuertemente a partir de los 80 años, y que se debe considerar, es la experiencia recurrente de pérdida. La doctora Daniela Thumala[1], especialista en psicología del envejecimiento y vejez, identifica en sus estudios los tipos de pérdidas más frecuentes:

1.   De la salud y de la energía.

2.   De la calidad en las relaciones significativas.

3.   La muerte de seres queridos.

4.   La pérdida de integración social.

5.   De condiciones materiales.

6.   De los procesos cognitivos.

Desde su experiencia plantea que la resiliencia y la madurez emocional son los dos recursos que permiten recuperar el bienestar a pesar de tales pérdidas.

TRAMPAS EMOCIONALES:

En términos psicológicos, una trampa emocional se refiere a un patrón o proceso de pensamiento y sentimiento que puede atrapar a una persona en un estado emocional

1   Daniela Cecilia Thumala Dockendorff, Profesora Asociada - área Psicología Clínica de la Universidad de Chile. Destaca en Psicología del envejecimiento y vejez y sus procesos de afrontamiento y bienestar subjetivo en la vejez.

negativo o disfuncional. Estas trampas pueden manifestarse de diferentes formas: como pensamientos negativos automáticos, interpretaciones exageradas o catastrofistas de las situaciones, generalizaciones negativas, descuento de lo positivo, filtrado selectivo de la información, entre otros.

Tales distorsiones cognitivas pueden llevar a una interpretación negativa de las experiencias y generar ansiedad, depresión, estrés o sensaciones de baja autoestima. Las más comunes en esta etapa son:

1. **Autocrítica excesiva:** las personas mayores pueden caer en la trampa de ser muy críticas con ellas mismas, juzgándose severamente por no cumplir con ciertas expectativas o por la comparación con su versión más joven, lo que puede generar sentimientos de baja autoestima y auto desvalorización. Para superarlo, se debe practicar la autocompasión, cuestionar los pensamientos autocríticos, identificar las fortalezas y logros personales y ser mejor amigo de sí mismo.

2. **Desvalorización del envejecimiento:** algunos menosprecian su edad, piensan que ya no son valiosos y que han perdido su atractivo, se enfocan en lo negativo del envejecimiento y adquieren una perspectiva pesimista sobre sí mismo, lo cual genera un impacto negativo en su autoestima y calidad de vida. Para superar esta trampa, se requiere concentrarse en valorar las oportunidades y regalos que este tiempo ofrece, trabajar las ideas preconcebidas acerca del

envejecimiento, investigar y aprender sobre personas mayores exitosas y respetadas para verlas como fuente de inspiración.

3. **Duelo no resuelto:** se refiere a las pérdidas significativas experimentadas a lo largo de la vida que no han sido procesadas completamente. Pueden ser la privación de seres queridos, amigos, pareja, salud, capacidades físicas o incluso pérdidas relacionadas con cambios en el estilo de vida o en el rol ocupacional. Si estas situaciones no se han abordado y procesado adecuadamente, pueden generar dolor, tristeza y afectar el bienestar emocional.

4. **Sentimiento de insignificancia:** sucede cuando las personas mayores sienten que ya no tienen relevancia en la sociedad, que son ignoradas, desvalorizadas o excluidas por su edad. Debido a ello, generan una sensación de desesperanza, baja autoestima y falta de motivación para contribuir a la comunidad. Es importante desafiar esta trampa emocional reconociendo que cada individuo tiene valor, y sigue siendo capaz de aportar y disfrutar de la vida a pesar de las percepciones negativas de la sociedad.

5. **La trampa del pesimismo:** esta trampa emocional limita la capacidad de disfrutar y apreciar la vida en el tiempo de la vejez. Al enfrentar los desafíos asociados con el envejecimiento, es fácil caer en una mentalidad negativa y ver solo lo desfavorable de la vida. Practicar

la gratitud por las pequeñas cosas que aún se pueden disfrutar, enfocarse en lo positivo y rodearse de relaciones enriquecedoras, puede ayudarnos a superarla.

6. **La trampa del aislamiento social:** este es otro obstáculo emocional común en la vejez. A medida que las redes sociales se reducen y las amistades disminuyen, las personas pueden sentirse solas y desconectadas. El aislamiento social puede llevar a la depresión y a la disminución de la calidad de vida. Participar en actividades comunitarias, grupos de interés o programas intergeneracionales puede ayudar a superar esta trampa.

7. **La trampa de la autopercepción negativa:** a medida que envejecemos podemos sentirnos menos valorados y confiar poco en nuestras habilidades y apariencia física, afectando así nuestra autoestima y limitando nuestro sentido de valía personal. Practicar el autocuidado, buscar actividades que nos brinden bienestar y rodearnos de personas que nos valoren, puede ayudarnos a superar la trampa de la autopercepción negativa.

8. **La no aceptación del envejecimiento:** es la resistencia al proceso natural del envejecimiento y una actitud negativa hacia las transformaciones físicas, emocionales y sociales relacionadas con esta etapa de la vida. Este patrón de pensamiento puede llevar

a dificultades emocionales y a limitar la capacidad de disfrutar plenamente en este tiempo. Se manifiesta en el rechazo a los cambios físicos, a los nuevos roles y responsabilidades e idealizar la juventud. Superar esta trampa implica trabajar en la aceptación como parte natural de la vida.

9. **La trampa del pasado:** las personas mayores pueden quedarse atrapadas en pensamientos recurrentes sobre los errores o arrepentimientos del ayer. Aferrarse al pasado impide disfrutar el presente; es importante despedir el pasado y enfocarnos en el aquí y ahora. Practicar la atención plena y desarrollar nuevos intereses puede ayudarnos a superar la trampa del pasado y vivir en el presente con mayor plenitud.

Identificar estas trampas es fundamental para cambiar los patrones de pensamiento negativos. A veces puede ser útil buscar el apoyo de un profesional especializado en envejecimiento y salud mental, que pueda ayudar y promover estrategias de afrontamiento para mejorar el bienestar emocional.

ENEMIGOS CONDUCTUALES:

Los enemigos conductuales son patrones de comportamiento negativos o destructivos que surgen en esta etapa de la vida y obstaculizan el disfrute pleno y la realización personal. Su poder radica, en su capacidad para limitar la participación activa en la sociedad, restringir las oportunidades de crecimiento personal y emocional e impedir la conexión significativa con otros. Además, aceleran el declive en la salud mental y física, erosionando la calidad de vida y comprometiendo así la búsqueda de una longevidad óptima y satisfactoria. Estos enemigos son:

Irritabilidad: puede ser una forma de expresar frustración acumulada o una respuesta emocional por sentirse limitado en comparación con su vida anterior. Esta irritabilidad puede tener varias causas internas como cambios hormonales, deterioro cognitivo, estrés, ansiedad, dolor crónico y depresión.

René, recientemente se jubiló. Aunque estaba emocionado por su tiempo libre, se encuentra cada vez más irritable en la vida cotidiana. Pequeñas cosas como el ruido en la calle o un retraso en el servicio, lo enojan rápidamente. Esto ha hecho que sus amigos y vecinos se alejen de él, ya que su mal genio los hace sentir incómodos y no disfrutan de su compañía.

Mal humor: afecta negativamente las relaciones con familiares y amigos, haciendo que se alejen. El resultado es una sensación de soledad y aislamiento de la persona mayor, lo que es perjudicial para su bienestar emocional y mental. Puede ser resultado de acumulación de estrés, preocupaciones o decepciones a lo largo de los años.

Rosario, ha experimentado varios problemas de salud en los últimos años, lo que ha contribuido a un mal genio constante. Se siente frustrada y deprimida debido a sus limitaciones físicas y no logra encontrar alegría en las cosas que solían gustarle. Su mal humor ha causado tensión en su relación con su esposo y sus hijos, ya que su actitud negativa afecta el ambiente familiar.

Quejas constantes: cuando una persona mayor se queja permanentemente, está enfocando su atención en lo negativo y pierde la capacidad de apreciar las cosas buenas de la vida, lo que dificulta su bienestar general. Las quejas son una forma de expresar tristeza, dolores crónicos o necesidad de atención.

Diana, ha desarrollado una tendencia a quejarse por todo. Desde el clima hasta el servicio en los restaurantes, nada parece satisfacerla. Su constante queja ha alejado a sus amistades que se sienten agotados y desanimados al escuchar sus lamentos. Tal situación la ha conducido a la soledad y le ha dificultado establecer nuevas relaciones sociales.

No valoración de lo recibido: esta conducta impide expresar gratitud y aprecio hacia las personas que ayudan a la persona mayor, lo que afecta negativamente las relaciones entre ellos y genera resentimiento. Su origen está en expectativas poco realistas, falta de conciencia, centrarse en lo no alcanzado y en un vacío interior que no se llena con lo recibido del exterior.

César, ha tenido una vida llena de éxitos profesionales y una familia amorosa. Sin embargo, últimamente ha desarrollado una mentalidad pesimista y no valora lo que ha logrado. Esto le ha generado insatisfacción y ha hecho que sus familiares y amigos se alejen. Él no puede encontrar la felicidad a pesar del éxito y el amor que tiene.

Pesimismo: experiencias negativas acumuladas o la percepción de que se han perdido oportunidades, puede disparar este sentimiento. También lo ocasionan el deterioro físico, la disminución de las capacidades cognitivas o la sensación de que ya se ha vivido la mejor parte de la vida.

Esta mentalidad puede influir en la actitud general hacia la vida y hacer que sea más difícil encontrar alegría y satisfacción en las experiencias cotidianas. Otras posibles causas son: experiencias traumáticas en el pasado, falta de confianza en sus propias capacidades, pensamientos catastróficos y la indefensión aprendida.

Alejandro, es un hombre que ha desarrollado una mentalidad pesimista. Ve las situaciones de forma negativa y siempre espera lo peor. Constantemente se queja de los problemas cotidianos y se siente abrumado por ellos. Su actitud afecta su bienestar emocional y mental, ya que se siente atrapado en una espiral de pesimismo. Además, hace que los demás se sientan agotados y desmotivados.

Sus familiares y amigos evitan compartir sus problemas o noticias positivas con él, pues saben que su reacción será siempre negativa. Como resultado, se encuentra cada vez más aislado y con dificultades para mantener relaciones cercanas.

Impaciencia constante: en la segunda mitad de la vida, algunos pueden sentir una mayor sensación de urgencia y presión para alcanzar metas o cumplir expectativas antes de que sea demasiado tarde. Esta conciencia del paso del tiempo y la limitación de los años restantes puede generar dificultad para disfrutar los procesos o aceptar las demoras y desafíos inevitables. Las causas radican en la necesidad de controlar las situaciones, el exceso de estimulación y la sensación de poco tiempo disponible.

Olivia, es una mujer conocida por su impaciencia. Constantemente muestra signos de irritabilidad y frustración cuando las cosas no se desarrollan a su ritmo o de acuerdo con sus expectativas. Impaciente por naturaleza, ella no puede tolerar la espera ni situaciones que le parezcan lentas. Tal actitud afecta su calidad de vida y la de los demás a su alrededor, que se sienten presionados y tensos. Sus familiares y amigos evitan involucrarla en planes que requieran paciencia, lo que resulta en soledad y desconexión emocional para ella.

Actitud demandante, inconforme y exigente: individuos que atraviesan esta etapa experimentan una brecha entre sus expectativas y la realidad de su situación. Eso los lleva a ser demandantes, inconformes y exigentes porque se sienten presionados para alcanzar ciertos estándares o lograr objetivos personales, de relaciones o bienestar y sienten que el tiempo se les está agotando. El origen de esta actitud puede ser la insatisfacción, la necesidad de llamar la atención o de validación, o una forma de asegurarse de que los demás permanezcan cerca y les proporcionen el apoyo que necesitan.

> *Arturo, siempre exige el máximo nivel de atención y cuidado de su familia. A menudo expresa quejas sobre pequeñas cosas y muestra insatisfacción con el esfuerzo que los demás hacen por él. Esta actitud demandante e inconforme hace que las interacciones con Arturo sean agotadoras y que sus familiares tomen distancia.*

Rigidez mental y obstinación: el arraigo de experiencias y creencias adquiridas a lo largo de los años dificulta la apertura a otras perspectivas y formas de pensar e impide la adaptabilidad a nuevas ideas. Una persona mayor con rigidez mental se aferra a viejas estructuras y se resiste a cambiar, lo que interfiere con sus relaciones, pues se le dificulta aceptar ayuda, consejo y recomendaciones. Esta obstinación es una forma de mantener cierta estabilidad y control de sus vidas.

Alberto, a medida que ha ido envejeciendo se ha vuelto más terco y se niega a aceptar consejos o recomendaciones, aun cuando son para su bienestar. Su familia ha intentado persuadirlo de evitar ciertos alimentos que afectan su salud, pero él se niega rotundamente a modificar su dieta. Además, ha rechazado ir al médico para chequeos regulares, alegando que es una pérdida de tiempo y que él sabe mejor que nadie cómo cuidar de sí mismo. Su rigidez mental ha generado tensión en sus relaciones personales y ha ocasionado preocupación acerca de su bienestar general.

Como podemos ver, disfrutar de una longevidad positiva implica enfrentarse no solo a retos físicos, sino también psicológicos y conductuales. Estos últimos son difíciles de reconocer y aceptar, lo que complica la posibilidad de abordarlos de manera efectiva. Además, se presentan de forma sutil y engañosa, por lo tanto, llevan a la minimización de su impacto. Es necesario fomentar la conciencia sobre estos enemigos, tanto para quienes están viviendo la etapa de la vejez, como para quienes vamos caminando hacia ella.

ALIADOS Y FACILITADORES:

Los aliados acompañan, apoyan y fortalecen a las personas mayores en su camino hacia una vejez óptima, mientras que los facilitadores hacen más fluida su vida. Ambos conceptos son importantes y se complementan para promover un envejecimiento saludable y satisfactorio.

Los aliados son recursos o personas que brindan su apoyo emocional, comprensión y colaboración en el proceso. Actúan como compañeros y defensores, brindando apoyo interpersonal y fortaleciendo el bienestar en general. Pueden estar presentes en diferentes áreas de la vida; son amigos, familiares o profesionales de la salud que respaldan.

Además de estos aliados sociales tenemos los físicos, psicológicos, mentales y espirituales.

1. **Aliados físicos:** contribuyen a mantener un cuerpo sano y funcional a lo largo de la vida. Entre ellos están: una dieta equilibrada, ejercicio regular, hábitos saludables de sueño, evitar el tabaquismo y el consumo excesivo de alcohol, así como el acceso a atención médica y preventiva adecuada.

2. **Aliados psicológicos:** ayudan a mantener una salud mental positiva y una actitud optimista hacia la vida. Como son la gestión eficaz del estrés, búsqueda de relaciones sociales y emocionales satisfactorias, práctica de la gratitud, resolución de conflictos de manera constructiva y adaptación a los cambios a lo largo del ciclo de la vida.

3. **Aliados mentales:** contribuyen a mantener la mente activa y alerta. Participar en actividades intelectuales estimulantes como la lectura, aprendizaje continuo, resolver rompecabezas y desafíos mentales, son algunos de ellos.

4. **Aliados espirituales:** ayudan a cultivar una comprensión espiritual de la vida y son: prácticas espirituales, meditación, yoga, conexión con la naturaleza, participación en actividades altruistas y en comunidad, así como la reflexión sobre la existencia y el significado personal.

Los facilitadores, por otro lado, son recursos que abren el camino y eliminan las barreras. Estos recursos pueden ser externos o internos y actúan como herramientas u oportunidades que permiten vivir de manera más fluida, ya que remueven los obstáculos que podrían impedir el camino hacia una vejez óptima y saludable.

Los facilitadores son específicos e individuales. Dependen de las necesidades, preferencias y circunstancias personales; lo que puede funcionar para una persona, puede no servirle a otra. Es fundamental que cada individuo tenga la capacidad de identificar sus propios facilitadores y adaptarlos a sus necesidades y deseos.

Los aliados y los facilitadores para una vida plena y longeva son tesoros escondidos a lo largo del viaje de la existencia. Su nombre: "aliados y facilitadores", insinúa que están ahí para ayudarnos y allanar nuestro camino; sin embargo, al igual que los tesoros, no se revelan fácilmente; requieren exploración y valoración consciente.

Los aliados, ya sean sociales, físicos, psicológicos, mentales o espirituales, requieren de búsqueda y un reconocimiento de su valor. Los facilitadores internos están dentro de tu alcance en cada paso del camino, y los externos, aunque no estén bajo tu control directo, pueden ser gestionados. Ambos tesoros están listos esperando ser encontrados para enriquecer tu travesía hacia una vida larga, significativa y satisfactoria.

Al llegar a la vejez nos encontramos en una encrucijada donde dos panoramas se despliegan ante nosotros, cada uno ofreciendo un camino diferente. Uno se presenta con colores cálidos y brillantes, marcando los años dorados, una etapa de plenitud y realización, resultado de una vida bien vivida, con sabiduría acumulada y experiencias celebradas. El otro se caracteriza por los tonos oscuros, señalando los años difíciles; ese sendero implica desafíos y cambios, a menudo acompañados de pérdidas y ajustes a nuevas realidades, es un tramo en el que nuestra resiliencia y adaptabilidad son puestas a prueba.

En el camino hacia la vejez, a algunas personas se les facilita transitar por el sendero de los años dorados, donde encuentran como dirigirse hacia la plenitud. Otros, pueden sentirse como si estuvieran atrapados en una encrucijada, con señales que indican la dirección a los años dorados, pero con un sendero lleno de desafíos que les impide avanzar. Un tercer grupo parece quedarse varado en un lugar de dificultades, enfrentando obstáculos que no los dejan avanzar hacia una etapa más plena y enriquecedora.

En este punto crucial, la elección del camino generalmente es nuestra. Primero, podemos decidir caminar hacia los años dorados, valorando todo lo que hemos logrado y vivido, buscando la felicidad que aún podemos encontrar; segundo, podemos enfrentar los desafíos con coraje y templanza, y convertirlos en oportunidades de crecimiento y aprendizaje; o tercero, podemos quedarnos atrapados y estancados en las dificultades.

El contraste entre los "años dorados" y los "años difíciles" ofrece una visión multidimensional y matizada de la vejez. Los "años dorados" representan una fase que, idealmente, debería estar marcada por una alta calidad de vida, salud física y mental robusta, acceso a recursos y oportunidades para un estilo de vida activo y gratificante. En contraste, los "años difíciles" señalan desafíos que, aunque inherentes a la condición humana, pueden verse acentuados por factores sociales, económicos o de salud.

Reconocer y abordar estos desafíos de manera compasiva y efectiva es crucial para garantizar que las personas mayores tengan la mejor calidad de vida posible a lo largo de su vejez. La clave radica en fomentar políticas y actitudes que faciliten un envejecimiento saludable y positivo, abogando por una sociedad inclusiva que valore y respete a sus miembros de edad avanzada.

En mi experiencia profesional y personal he observado que la calidad de vida durante la vejez y la ancianidad es, en la mayoría de los casos, el resultado directo de las decisiones y preparativos realizados en etapas anteriores de la vida. Mientras que algunos argumentan que la suerte juega un papel principal en cómo se vive el envejecimiento, mi testimonio contradice esa idea; la suerte podría ser responsable en una mínima proporción, la mayor parte es consecuencia de una preparación consciente.

Cuando me refiero a preparación no hablo solo de la seguridad financiera, aunque este es un componente esencial; la planificación para una jubilación cómoda, determinando una fuente sostenible de ingresos y garantizando recursos para posibles emergencias, es vital. Sin embargo, la riqueza de los años dorados va más allá de lo económico.

Las decisiones que tomemos, las relaciones que cultivemos y cómo nos cuidemos influye en gran medida en nuestra experiencia durante los años dorados. La vejez no es un juego de azar, es, en su mayoría, el resultado de una vida vivida con intención y preparación.

Como especialista en autoayuda y crecimiento personal, psicoterapeuta, conferencista y facilitadora de talleres, he tenido la oportunidad de interactuar con muchas personas mayores a lo largo de mi carrera, y me he percatado de que la mayoría de quienes atraviesan por la vejez y la ancianidad no experimentan lo que comúnmente se conoce como "años dorados".

La tendencia más pronunciada que he identificado ha sido una vejez difícil, ensombrecida por diversos desafíos y obstáculos. No significa que esas personas carezcan de una gran riqueza de conocimientos y experiencias por compartir, la situación es que el peso de las dificultades parece haber opacado su capacidad de disfrutar plenamente de esta etapa.

Debo mencionar que esta no es una conclusión definitiva, ya que mi experiencia se limita a los países que he visitado y a las personas con las que he interactuado; sin embargo, hasta el momento, esta es la realidad que he observado.

En resumen, mi experiencia y observación me llevan a pensar que la tendencia hacia una vejez y una ancianidad doradas, caracterizadas por la serenidad y la sabiduría, es menos común de lo que se podría esperar. Mi objetivo es trabajar para que cada vez más personas tengan una vejez enriquecedora y significativa, independientemente de las dificultades que puedan enfrentar.

En el incesante viaje de la vida, la vejez y la ancianidad se manifiestan como el tramo final del sendero, donde convergen los recuerdos de la travesía, las lecciones aprendidas y las huellas dejadas en el terreno del tiempo. Es la época cuando cada paso dado, cada desafío superado y cada amor compartido se convierten en la esencia misma del trayecto.

Antes de adentrarnos en estas etapas, podemos elegir conscientemente la forma en que queremos experimentar esta última parte de nuestro recorrido. Decidir abrazar la vejez con gratitud y la ancianidad con serenidad, comprendiendo que es un camino que se ha ido forjando con cada experiencia vivida. Determinar que nuestra llegada sea digna, plena de amor propio y de conexión con nuestro ser más profundo.

Al igual que cuando nos aventuramos en una ruta desconocida, podemos planificar y prepararnos para este último tramo del camino. Cargar nuestras mochilas con la sabiduría acumulada a lo largo de los años, con los logros alcanzados y con las relaciones cultivadas. Estas serán nuestras reservas en este trayecto final; le proporcionarán sustento a nuestra alma y calidez a nuestro corazón.

La llegada a la vejez y a la ancianidad es encontrar la puerta a la trascendencia. Es un portal hacia lo eterno, hacia la conexión con el infinito. Es la oportunidad de reflexionar sobre el propósito de nuestra existencia, de meditar sobre lo que hemos dejado y lo que aún podemos ofrecer al mundo y a nosotros mismos.

A través de esta puerta de la trascendencia, podemos conectar con la eternidad. Es el vínculo con algo más grande que nosotros mismos, con el universo y con la esencia misma de la vida. Es un llamado a la paz interior, a la aceptación plena de lo que fue y lo que es, y a la esperanza por lo que aún está por venir.

En la vejez y la ancianidad hallamos la quietud y la serenidad que nos permiten sintonizar con el latir del cosmos. Descubrimos que somos parte de un vasto entramado de existencia y que nuestra esencia perdura más allá de los límites de nuestro cuerpo físico. Nos convertimos en testigos de la vida, observando cómo fluye y se transforma en cada generación, en cada momento.

Así, esta etapa de la vida no es el fin del camino, sino una transición hacia una forma diferente de existir. Es cuando nos convertimos en leyenda, en memoria, en luz que guía a las generaciones futuras. Es la culminación de un camino bien recorrido y la apertura a una dimensión atemporal.

En este último tramo, en este último sendero, en la vejez y la ancianidad, encontramos la posibilidad de una llegada digna y la puerta de la trascendencia. Nos transformamos en parte de la eternidad, en parte del infinito, y nuestro camino se convierte en un legado para aquellos que nos suceden. Es, sin duda, un destino que vale la pena anticipar, un destino que merece ser celebrado y abrazado con gratitud y amor.

La semilla, símbolo de nuevos comienzos y el potencial que permanece sin importar la edad.

La semilla germinando, con su promesa de vida incipiente emergiendo hacia la luz, es una metáfora de los nuevos comienzos que siempre están al alcance, sin importar la etapa de la vida en la que nos encontremos. Para aquellos que hemos navegado por las diferentes aguas de la existencia y ahora nos encontramos en la madurez, esta imagen simboliza, la renovación , la transformación y las posibilidades de rejuvenecimiento que aún yacen por delante. Su presencia es para recordarnos que, independientemente de nuestra edad, el potencial para crecer, aprender y florecer permanece fértil dentro de nosotros. nos invita a explorar y celebrar ese potencial, abrazar la transformación y descubrir nuevas pasiones y propósitos. Es una invitación a ver cada día como una oportunidad para sembrar semillas de cambio, cultivar el jardín de nuestras vidas con amor y atención, y maravillarnos ante nuestra propia evolución, recordándonos que la edad es solo un número en el ciclo continuo y maravilloso de la vida.

CAPÍTULO 7

CULTIVA EL ARTE DE CRECER SIEMPRE

Cuando un árbol joven crece, lo hace con la energía y el ímpetu de su juventud, apuntando directamente hacia el cielo con su tronco erguido y hojas verdes. Y con el tiempo, las estaciones cambian, las hojas caen, el tronco se endurece y las ramas pueden torcerse ante los embates del viento y las condiciones medioambientales. Es durante estas fases que el árbol, aunque parezca estático, vive sus transformaciones más profundas y significativas.

Al llegar a su madurez, el árbol no crece tanto en altura, más bien expande sus raíces profundizando su conexión con la tierra y ampliando su capacidad de resistir tormentas. Con el paso de los años, llega una segunda primavera, cuando las hojas regresan con colores más intensos, las flores brotan con un aroma más profundo y los frutos son más sabrosos y nutritivos.

Así es la segunda mitad de nuestra vida. Puede que hayamos enfrentado desafíos, tormentas internas y externas, y que nuestros "troncos" lleven las marcas de esas experiencias. Sin embargo, es precisamente en ese tiempo cuando, al igual que el árbol, tenemos la oportunidad de vivir una segunda primavera, una etapa llena de sabiduría, resiliencia y transformación.

En este capítulo exploraremos el potencial y la magia que nos aguarda en esta fase de la vida, demostrando que el crecimiento y el desarrollo personal no es exclusivo de la juventud, sino que puede ser aún más profundo y significativo en la edad madura.

CRECIMIENTO Y DESARROLLO PERSONAL:

Los seres humanos tenemos un anhelo innato de mejorar aspectos individuales, como habilidades, conocimientos, actitudes y comportamientos, de desarrollo, evolución y autorrealización. Estamos impulsados por un deseo de autonomía, logros y conexión con los demás. El crecimiento personal es una respuesta a esa necesidad porque fomenta el autoconocimiento, el dominio de nuevas habilidades, el desafío de límites autoimpuestos y la conexión con nuestro yo interior. Es un proceso transformador y continuo que nos invita a explorar, descubrir y desarrollar nuestra mejor versión en todos los aspectos de la vida. Abarcando áreas como la salud física, emocional, mental y espiritual.

Desde el punto de vista psicológico, crecer nos conduce a mirar hacia adentro, cuestionarnos, afrontar obstáculos, ser mejores, lograr la plenitud de capacidades y encontrar un mayor sentido de satisfacción en la vida. A medida que nos sumergimos en este proceso, nos damos cuenta de que el potencial humano es infinito y que siempre hay espacio para expandirnos y desarrollarnos. El desarrollo personal puede incluir actividades como la educación continua, el establecimiento de metas profesionales, el desarrollo de habilidades de liderazgo y la participación en actividades de servicio comunitario. Todo esto puede variar según las aspiraciones individuales, las circunstancias personales y las oportunidades disponibles.

El crecimiento y desarrollo personal se refiere al proceso continuo de autoconocimiento, desarrollo de habilidades, madurez emocional y enriquecimiento espiritual para mejorar la calidad de vida, aumentar la satisfacción personal y alcanzar un sentido de propósito.

Aunque cada persona tiene su propia visión de lo que significa crecer y desarrollarse personalmente, el objetivo general es alcanzar una versión más plena, consciente y auténtica de uno mismo. Es una búsqueda de la autorrealización, donde nos esforzamos por entender quiénes somos, qué queremos y cómo podemos contribuir al mundo de manera significativa. Nos conduce hacia una mayor resiliencia frente a las adversidades, una comprensión más profunda de nuestras motivaciones, relaciones más saludables y, en última instancia, a una vida con mayor significado y propósito.

El autor y filósofo estadounidense Jim Rohn destacó su importancia al afirmar que el valor que le damos al crecimiento personal determina el nivel de éxito que alcanzaremos. Es decir, el nivel de éxito que alguien alcanza está directamente relacionado con la autosuperación, es el resultado directo de las acciones que adoptamos y de la disposición a invertir en nuestro propio desarrollo.

El desarrollo personal en la segunda mitad de la vida puede implicar explorar nuevas pasiones, embarcarse en aventuras emocionantes, buscar formas de contribuir a la comunidad o la sociedad, cultivar relaciones significativas, y adoptar un enfoque más consciente y gratificante hacia el envejecimiento y la vida en general. En resumen, se trata de seguir creciendo, aprendiendo y evolucionando como personas a lo largo de toda la vida.

Existen recursos, técnicas y prácticas que ayudan a las personas a desarrollarse, mejorar diferentes aspectos de sus vidas y las dotan de la flexibilidad psicológica necesaria para afrontar la incertidumbre, abrirse a nuevas oportunidades, recuperarse de las adversidades y transformar las dificultades en desafíos y piedras angulares para su desarrollo. Son herramientas para la transformación personal. Las más usadas y conocidas son:

1. **Libros especializados:** hay innumerables libros que abordan temas de crecimiento personal, autoayuda, psicología y desarrollo espiritual. La lectura nos ofrece una variedad de perspectivas, experiencias y técnicas que pueden ser adaptadas a nuestras propias vidas. Los libros permiten el aprendizaje autodirigido, significa que podemos absorber la información a nuestro propio ritmo y reflexionar sobre ella profundamente.

2. **Cursos y talleres:** los procesos de enseñanzas aprendizajes, sean presenciales o en línea sobre autoconocimiento, salud mental, habilidades emocionales, entre otras, ofrecen una estructura y un plan de estudio específico para abordar áreas de crecimiento. Al interactuar con instructores y otros participantes se facilita el aprendizaje y se amplía la red de contactos.

3. **Mentoría:** se refiere a establecer una relación con alguien que tenga experiencia y sabiduría en un área de interés, para recibir orientación y apoyo. Este es el rol de un mentor, ofrecer una perspectiva valiosa basada en su conocimiento y experiencia personal. La mentoría proporciona un camino claro y personalizado hacia el crecimiento y el logro de objetivos.

4. **Terapia en salud mental:** sesiones con un profesional capacitado para abordar situaciones emocionales, traumas o desafíos personales. La terapia ofrece un espacio seguro para explorar y procesar

sentimientos, pensamientos y comportamientos, y está orientada a proporcionar herramientas y estrategias para superar obstáculos y mejorar la salud mental.

5. **Coaching:** se trabaja con un coach o entrenador para definir objetivos y elaborar un plan de acción. El coaching ayuda a las personas a obtener claridad, definir prioridades y establecer pasos concretos hacia sus metas. Con la guía de un coach es más probable que las personas se mantengan enfocadas y rindan cuentas de sus acciones.

6. **Prácticas de mindfulness:** técnicas como la meditación, el yoga o la respiración consciente, ayudan a conectar con el presente, reducir el estrés y mejorar la concentración. La atención plena ha demostrado ser efectiva en la reducción de la ansiedad y en el mejoramiento de la calidad de vida.

7. **Participación en eventos y webinars:** las capacitaciones en línea o presenciales donde expertos comparten sus conocimientos sobre temas específicos, nos permiten mantenernos actualizados sobre las últimas investigaciones, tendencias y técnicas. Al asistir a ellos ampliamos nuestra red y obtenemos información de vanguardia que puede ser implementada en nuestra vida diaria.

8. **Retiros o Retreats:** un retiro es una pausa intencionada y programada de la vida diaria, donde

las personas se sumergen en un ambiente diseñado para la introspección, el aprendizaje y el desarrollo personal. Es una inversión en uno mismo que puede tener efectos duraderos en la calidad de vida y en la percepción personal.

Cada una de estas herramientas tiene el potencial de catalizar el crecimiento interno. Es esencial adaptarlas a nuestras necesidades individuales y combinarlas de manera que se complementen entre sí. La clave está en ser una persona proactiva, mantener una mente abierta y estar dispuesto a explorar nuevas estrategias y enfoques en nuestro viaje de autodescubrimiento.

EL PROCESO DE CRECIMIENTO Y DESARROLLO PERSONAL:

El crecimiento personal no es un destino, sino un viaje. No es un producto que se pueda comprar ni un estado final que se alcance de la noche a la mañana. Es un proceso que se inicia cuando una persona toma conciencia del horizonte que quiere alcanzar y de las conductas y patrones de pensamiento que le impiden avanzar o de que necesita encontrar nuevas formas para afrontar situaciones. Conlleva los siguientes pasos:

1. **Toma de conciencia:** es la chispa inicial, el reconocimiento de que se necesita cambiar o mejorar. Puede surgir de una crisis, de una insatisfacción

constante o simplemente de la curiosidad. Aquí comenzamos a identificar patrones, emociones, bloqueos o áreas de la vida que queremos ajustar.

2. **Decisión de cambio**: una vez conscientes de nuestra necesidad o deseo de crecer, el segundo paso es tomar la decisión de implementar cambios; lo cual implica compromiso y motivación interna, determinación y valor para tomar las decisiones.

3. **Búsqueda de información y herramientas:** después de lo anterior, experimentamos con diferentes herramientas, adquirimos conocimientos, nuevas habilidades y evaluamos qué nos resulta más efectivo. Buscamos recursos que apoyen la transformación: cursos, libros, terapeutas, entre otros.

4. **Reflexión y autoevaluación:** las herramientas nos permiten mirar hacia atrás, analizar nuestras acciones, emociones y pensamientos, identificar lo que funciona y lo que no, y, en consecuencia, identificar dónde están nuestras oportunidades de mejorar.

5. **Fijación de objetivos y metas:** es en este punto del proceso, cuando clarificamos qué queremos lograr, precisamos objetivos, trazamos metas y diseñamos un plan para lograrlas.

6. **La implementación:** es practicar lo aprendido, vivir activamente los cambios que queremos experimentar, tomar decisiones más informadas, ejercitar nuevas

habilidades y afrontar retos y desafíos con una mentalidad de crecimiento.

7. **Revaluación y ajuste**: con el tiempo, revisamos nuestro progreso, los desafíos superados, las metas alcanzadas, celebramos logros, aprendemos de los errores y redefinimos objetivos y enfoques según sea necesario.

8. **Reconocimiento y gratitud:** es el punto donde reconocemos el crecimiento y la transformación que hemos logrado, y observamos que las herramientas y estrategias han tenido un impacto positivo en nuestras vidas, aunque el camino haya tenido altibajos.

Es necesario resaltar que durante el proceso podemos movernos hacia adelante y hacia atrás; no es lineal. La verdadera medida del crecimiento personal no es cuán rápido avanzamos, sino nuestra dedicación y compromiso con el progreso en sí.

Ahora, aunque podamos llegar a momentos de profunda satisfacción y reconocimiento de nuestro crecimiento y el desarrollo alcanzado, recordemos que siempre hay más por aprender y más formas de evolucionar, es decir, el crecimiento nunca concluye; cada vez que acudimos a él, nos brinda mayor claridad en el camino de la vida.

EL CRECIMIENTO Y DESARROLLO PERSONAL ES PERMANENTE:

La vida, en su esencia más pura, es un viaje que no se mide por los kilómetros recorridos o los lugares visitados, sino por las transformaciones internas, los descubrimientos del alma para alcanzar la paz y los matices del ser que emergen en cada curva del camino.

Metafóricamente, si contemplamos el paisaje de la existencia, el crecimiento personal se presenta como un guardián para ir a nuestro lado en el camino de la vida, ayudándonos a enfrentar los desafíos más grandes y oscuros. Sin importar lo densa que sea la niebla o lo abrupto del terreno, ese guardián siempre estará allí, guiando, protegiendo e iluminando el sendero.

Desde una perspectiva filosófica, así como Platón nos insta a salir de la caverna para enfrentar la luz de la verdad, el crecimiento nos impulsa a cuestionar nuestra realidad, desafiar las sombras de la ignorancia y liberarnos de las cadenas de la complacencia.

En este camino, el crecimiento y desarrollo personal es el terapeuta interno que nos ayuda a transitar por los laberintos de la mente, decodificar las complejidades emocionales, dar voz a los pensamientos silenciados, reconciliarnos con nuestro pasado y construir un futuro más coherente y armonioso para vivir un presente más pleno. Por ello, considero que el crecimiento interior es el compromiso más profundo que podemos tener con nosotros mismos de no quedarnos estancados, de siempre buscar más allá del horizonte visible y de continuar el eterno viaje del ser.

Siendo así, el crecimiento personal está llamado a ser un compañero constante en cada etapa de nuestra vida. Veamos el porqué de su relevancia en cada una de ellas:

- **Infancia:** en esta fase, el crecimiento y desarrollo personal se centran en el descubrimiento del mundo y de uno mismo. A través del juego y la interacción, los niños aprenden habilidades sociales, resolución de problemas y conflictos, y desarrollan su autoestima.

- **Adolescencia:** esta etapa es de autodescubrimiento, de establecer valores personales y de aprender a navegar en las complejidades de las relaciones y las emociones. El crecimiento y desarrollo, por tanto, se orienta a la búsqueda de identidad y pertenencia y la construcción de un juicio crítico para asumir decisiones que le permitirán vivir una vida sana y enriquecedora.

- **Adultez joven:** en este periodo, la elección de carrera, la creación de una familia o el establecimiento de una identidad independiente, requieren del crecimiento personal para adaptarse a los cambios, alcanzar metas y asumir responsabilidades.

- **Adultez media:** las necesidades de este tiempo giran en torno a la crianza de los hijos, la satisfacción laboral o la reflexión sobre el propósito de vida. El crecimiento y desarrollo personal ayuda a reevaluar y ajustar caminos, a hacer los replanteamientos vitales y a afrontar las posibles crisis de la edad.

- **Mediana Edad o "half time":** al llegar a la mitad de la vida nos encontramos en un punto de inflexión. Es una época para reflexionar sobre lo que hemos logrado y lo que aún deseamos conquistar. Aquí, el crecimiento personal es crucial, porque ayuda a reevaluar prioridades, redefinir sueños y afrontar con gracia y sabiduría los retos que vienen con la longevidad.

- **Edad madura:** esta etapa brinda la oportunidad de cosechar los frutos de las experiencias vividas; la sabiduría adquirida a lo largo de los años se puede convertir en un recurso poderoso. Aquí, el crecimiento personal se orienta a la aceptación, al reconocimiento de nuestras fortalezas y debilidades, aspectos a mejorar y a compartir conocimientos y valores con las generaciones más jóvenes.

- **Vejez:** a medida que avanzamos hacia los años dorados, enfrentamos la realidad de que la vida no es permanente. El crecimiento personal ayuda a mirar esta etapa con gratitud, encontrar significado en el legado construido y vivir nuestros días con propósito y paz interior.

- **Ancianidad:** en nuestra edad más avanzada, el viaje interior invita a una introspección profunda, a una reflexión sobre todo lo vivido, a la reconciliación y a la preparación espiritual.

EL CRECIMIENTO Y DESARROLLO EN LA SEGUNDA MITAD DE LA VIDA:

El crecimiento y desarrollo personal es una inversión en el presente que rinde frutos en el futuro. Permite que cada capítulo de nuestra vida se convierta en una preparación para el siguiente, y que los desafíos sean más manejables y las alegrías más profundas.

Existe una noción extendida y arraigada en nuestra cultura, de que el crecimiento personal, al igual que el desarrollo físico y mental, tiene un punto álgido durante la juventud y decae con el avance de la edad. Estamos acostumbrados a imaginar la vida como una montaña que ascendemos en los primeros años y descendemos en los últimos. Sin embargo, esta perspectiva no solo es limitada, sino también errónea.

La segunda mitad de la vida, lejos de ser un período de declive, puede ser uno de los más potentes para el crecimiento y desarrollo personal. ¿Por qué? Por varias razones:

- **Experiencia acumulada:** a diferencia de la juventud, cuando muchas decisiones se basan en teorías o suposiciones, en la madurez contamos con un repertorio de experiencias que nos pueden ofrecer perspectivas más amplias y matizadas sobre la vida.

- **Tiempo para la reflexión:** mientras que la juventud está llena de obligaciones y distracciones, la madurez nos brinda, en muchos casos, más tiempo y espacio para la introspección, permitiéndonos sopesar las decisiones y acciones con mayor profundidad.

- **Valoración de lo esencial:** con el paso de los años aprendemos a diferenciar lo efímero de lo duradero, lo trivial de lo fundamental y podemos centrarnos en lo que verdaderamente importa.

- **Resiliencia:** las adversidades y desafíos enfrentados a lo largo de los años nos dotan de una resiliencia que se convierte en un recurso invaluable para el autoconocimiento y la autotransformación.

Lamentablemente, esta valoración sobre el crecimiento y el desarrollo en la madurez no es ampliamente reconocida. Vivimos en una sociedad que sobrevalora la juventud y relega a un segundo plano las capacidades y potenciales de las etapas posteriores de la vida. Esta percepción errónea ha llevado a desestimar el poderoso papel que el crecimiento y el desarrollo personal desempeñan en la vida adulta, en la longevidad y en la percepción del envejecimiento.

Es crucial promover la valoración del crecimiento y desarrollo a lo largo de la vida. Al hacerlo, no solo aprovechamos un recurso enormemente valioso para las etapas posteriores, también enviamos un mensaje a las generaciones jóvenes sobre las posibilidades ilimitadas que la vida ofrece, independientemente de la edad.

RESISTENCIA AL CRECIMIENTO Y DESARROLLO EN LA SEGUNDA MITAD DE LA VIDA:

La aceptación y la resistencia al crecimiento y al desarrollo de las personas en la segunda mitad de la vida son dos conceptos fundamentales. La aceptación implica la disposición a abrirse a nuevas experiencias, superar obstáculos y permitir que la evolución personal florezca; la resistencia se refiere a las barreras internas y externas que obstaculizan el proceso de cambio y se manifiesta cuando una persona no reconoce o niega que tiene dificultades.

La resistencia a los procesos de crecimiento, desarrollo y transformación en la segunda mitad de la vida es un fenómeno complejo y multifacético. Durante la juventud y la adultez temprana aprendemos a responder a ciertas preguntas y enfrentar desafíos, pero al llegar a la segunda mitad de la vida, esas respuestas y formas de resolver conflictos pueden ya no ser válidas y se hace necesario un proceso de reevaluación, lo que a menudo se encuentra con resistencias culturales, personales, espirituales y psicológicas. Los principales orígenes de la resistencia son:

La cultura y estigmas sociales: en muchas sociedades se asume que el desarrollo solo concierne a etapas tempranas de la vida. La vejez se asocia con declinación, no con crecimiento o transformación. Además, existe la creencia de que buscar ayuda es signo de debilidad o fracaso. Estos estigmas pueden hacer que las personas se sientan avergonzadas al buscar apoyo.

La autoimagen: los individuos pueden haber construido una imagen de sí mismos como fuertes, independientes y capaces. Admitir que necesitan ayuda o enfrentarse a sus vulnerabilidades, puede ser percibido como una amenaza a esa autoimagen.

El miedo al cambio: hacerlo diferente puede ser intimidante cuando se ha vivido de cierta manera durante décadas. Salir de la zona de confort puede generar incertidumbre sobre lo desconocido

Es común encontrarse con personas de la segunda mitad de la vida que encuentran excusas para evitar embarcarse en un proceso de crecimiento y desarrollo personal o creen erróneamente que ya no lo necesitan en esta etapa. Tales excusas actúan como escudos protectores, y aunque pueden parecer convincentes y racionales, en realidad son barreras que impiden evolucionar.

Dichas resistencias pueden manifestarse de diversas maneras, desde el escepticismo hasta la negación absoluta de la necesidad de cambio. En el contexto de la segunda mitad de la vida, las resistencias pueden estar particularmente arraigadas debido a una serie de creencias, prejuicios y excusas que las personas usan para justificar su inmovilidad o estancamiento.

A continuación se presenta una lista de las excusas más comunes para eludir el crecimiento personal, representadas en frases cotidianas:

1. "Si a ellos les va bien sin eso, ¿por qué debería yo necesitarlo?". Es una excusa influenciada por el comportamiento y las actitudes del entorno. Si los amigos y familiares no muestran interés en el crecimiento y desarrollo personal, es posible que las personas se sientan menos motivadas para implementarlo.

2. "Las terapias y talleres son caros, y tengo otras prioridades financieras". Este argumento aparece cuando las personas consideran que no tienen los recursos necesarios para gastar dinero en libros, cursos o terapia.

3. "He logrado mis objetivos; no veo qué más podría querer o necesitar". Tal justificación es expresada por quienes no ven la necesidad de seguir creciendo y desarrollándose o explorando nuevas áreas de interés.

4. "Los años de crecimiento, desarrollo y cambio ya pasaron para mí". Quienes se expresan de esta manera creen que ciertas oportunidades ya no están disponibles para ellos debido a su edad.

5. "He pasado por tantas cosas que no creo que haya algo nuevo que aprender o cambiar en mí". Es la excusa de quienes piensan que han acumulado suficiente experiencia a lo largo de su vida y ya no necesitan seguir aprendiendo y desarrollándose personalmente.

6. "Fui a terapia -o a un taller- hace años y no noté ninguna diferencia". Aquellos que han tenido experiencias negativas en el pasado con el crecimiento personal pueden utilizar esta excusa para evitar darse otra oportunidad.

7. "Siempre he manejado mis problemas de esta manera y no veo razón para cambiar ahora". Esta expresión es propia de quienes se sienten cómodos con su rutina actual y prefieren mantenerla sin hacer cambios o explorar nuevas oportunidades de crecimiento y desarrollo.

8. "Entre mis responsabilidades y compromisos diarios, simplemente no tengo un momento para mí". Quienes están ocupados con responsabilidades laborales, familiares u otras obligaciones pueden creer que no tienen tiempo disponible para invertir en su crecimiento y desarrollo personal.

9. "Todos esos cursos sobre desarrollo personal y mindfulness son solo una moda". Es una expresión basada en el escepticismo hacia todo lo considerado

"nuevo" o "trendy". También puede ser una resistencia hacia cualquier cosa que desafíe las creencias y valores preexistentes.

10. "Si inicio un proceso de crecimiento, tendré que enfrentar sentimientos dolorosos que prefiero dejar atrás". Esta excusa es producto del miedo a confrontar traumas o situaciones angustiosas del pasado. La persona puede creer que es mejor dejar las cosas como están.

11. "He llegado hasta aquí por mí mismo; no necesito que alguien más me guíe ahora". Con esta frase la persona refleja su necesidad de autonomía o el deseo de mantener el control sobre su vida.

12. "Estoy configurado de cierta manera y eso no va a cambiar a estas alturas". Debido a experiencias pasadas u observaciones, la persona ha desarrollado una creencia cínica sobre la capacidad de los seres humanos para cambiar. También puede ser una forma de protegerse de la decepción o el fracaso.

13. "No estoy en crisis ni tengo grandes problemas, así que, ¿para qué necesitaría crecimiento personal?". Esta excusa busca minimizar las propias luchas o problemas al compararlos con los de otros. También puede ser una forma de evitar admitir que podría beneficiarse del crecimiento personal.

14. "Mi amigo fue a terapia y sigue siendo la misma persona. No veo el propósito". Es una generalización que refleja la falta de interés en invertir tiempo, energía o recursos en algo que no se percibe como valioso.

Estas justificaciones reflejan una serie de creencias y barreras autoimpuestas que pueden obstaculizar el proceso de crecimiento y autodescubrimiento. Sin embargo, siempre hay espacio para la evolución y el aprendizaje en cualquier etapa de la vida.

Dilia, a sus 55 años, lleva una vida rutinaria y segura. A pesar de anhelar un cambio y probar nuevas experiencias, tiene un miedo paralizante al fracaso. Teme que cualquier intento de crecimiento y desarrollo personal no tenga éxito y lo interpreta como un golpe a su autoestima. Dilia se resiste a salir de su zona de confort, evita oportunidades de aprendizaje y nuevas aventuras. Su miedo al fracaso la mantiene estancada en una vida monótona, y le impide disfrutar de la emoción y el crecimiento que acompañan a las nuevas experiencias.

Martín, de 60 años, cree firmemente que es demasiado tarde para cambiar y que ya no puede aprender nada nuevo. Ha construido una idea arraigada de que su personalidad y habilidades están fijas, y que cualquier intento de crecimiento y desarrollo personal es en vano. Tal creencia lo ha llevado a resistirse a nuevas oportunidades o desafíos. A pesar de su deseo de disfrutar y crecer, la desconfianza en su capacidad para cambiar lo limita en gran medida; perdió la oportunidad de explorar nuevos intereses, desarrollar otras habilidades y descubrir una versión más plena de sí mismo en la segunda mitad de la vida.

Carlos, de 70 años, ha experimentado una serie de pérdidas valiosas en su vida, entre ellas, la muerte de su esposa y amigos cercanos. A medida que enfrentó la soledad y el duelo, se retiró cada vez más de la sociedad, dejó de buscar nuevas conexiones sociales y rechazó invitaciones para participar en actividades comunitarias. Como resultado, su crecimiento personal se estancó, y su estado de ánimo y bienestar emocional se vieron afectados negativamente.

Elizabeth, de 50 años, experimenta falta de motivación y entusiasmo en la segunda mitad de su vida. Se encuentra en una situación cómoda pero insatisfactoria, y carece de ánimo para buscar un desarrollo personal significativo. Aunque tiene la capacidad y los recursos para cambiar, se resiste, porque no se siente impulsada lo suficiente. Elizabeth cree erróneamente que es demasiado tarde para perseguir sus pasiones y sueños. Esta falta de motivación y apatía la han privado de disfrutar y aprovechar al máximo los años restantes de su vida.

Elena, de 73 años, ha sido una persona altamente organizada y meticulosa durante toda su vida. Sin embargo, a medida que envejece, su rigidez mental aumenta, y se resiste a aceptar otras formas de hacer las cosas o probar actividades distintas. Su negativa a adaptarse a los cambios la lleva a perder oportunidades de aprender y crecer, y su inflexibilidad afecta sus relaciones con familiares y amigos.

Beatriz, de 68, siempre es autocrítica y ha tenido una baja autoestima desde temprana edad. Aunque ha alcanzado logros significativos en su vida, sigue enfocada en supuestas deficiencias y errores pasados. Esta autocrítica constante ha impedido que ella experimente un crecimiento y desarrollo personal pleno, ya que no logra reconocer y valorar sus propias fortalezas.

David, de 56 años, ha estado lidiando con problemas de ira y falta de control emocional durante muchos años. Aunque su comportamiento ha afectado negativamente sus relaciones personales y laborales, se niega a buscar ayuda profesional para trabajar en ellos. Como resultado, sus relaciones continúan deteriorándose y su desarrollo personal está estancado debido a la falta de un enfoque constructivo para abordar sus desafíos emocionales.

Eva, de 55 años, después de un divorcio difícil y problemas económicos, decidió buscar crecimiento personal mediante terapia y asesoramiento. Trabajó en mejorar su autoestima, establecer límites y aprender a manejar sus finanzas. Con el tiempo, pudo superar sus dificultades, encontrar un empleo estable y establecer relaciones más saludables.

Después de la muerte de su cónyuge, John, de 71 años, experimentó una profunda tristeza y dificultades emocionales. Buscó apoyo en grupos de duelo y terapia individual, lo que le ayudó a procesar su dolor y encontrar un propósito en la vida. Empezó a practicar actividades como el senderismo y el yoga, lo que le proporcionó una sensación de paz y bienestar.

Después de perder su trabajo y enfrentar dificultades económicas, Virtudes, de 58 años, decidió iniciar un negocio propio. Asistió a cursos y talleres de desarrollo personal y emprendimiento, donde adquirió las habilidades necesarias para administrar su empresa. A través de su arduo trabajo y perseverancia, logró establecer una compañía exitosa que mejoró su situación financiera.

Carlos, a los 52 años, experimentaba problemas de alcoholismo que afectaban su vida familiar y su carrera profesional. Buscó ayuda a través de programas de rehabilitación y terapia individual. A medida que avanzaba en su proceso de recuperación, pudo reconstruir su vida, mejorar su relación con su familia y encontrar un empleo estable que le brinda estabilidad financiera.

Laura, de 48 años, se enfrentó a una crisis existencial en la mediana edad, que la llevó a sentirse insatisfecha y desconectada de su propósito. Decidió entonces embarcarse en un viaje hacia el crecimiento personal, asistiendo a retiros espirituales y practicando la meditación. Estas disciplinas le permitieron encontrar un mayor sentido de autoconciencia y conexión espiritual, lo que la llevó a tomar decisiones más alineadas con sus valores y encontrar una mayor felicidad.

SITUACIONES ESPECÍFICAS DE LA SEGUNDA MITAD DE LA VIDA QUE REQUIEREN ADAPTACIÓN Y NUEVOS APRENDIZAJES:

En la segunda mitad de la vida muchas personas se encuentran con una serie de desafíos y situaciones únicas que pueden requerir apoyo y orientación profesional. Ya sea que estén buscando respuestas a preguntas existenciales, enfrentando cambios significativos en su vida personal o simplemente sintiéndose perdidos o insatisfechos. La consulta terapéutica y la asistencia a talleres pueden brindarles el respaldo necesario.

Te presentaré algunas situaciones comunes por las que las personas acuden a consulta conmigo o asisten a mis programas de crecimiento. Cada circunstancia refleja una fase crucial de esta etapa de la vida e ilustra como las personas buscan soluciones y herramientas para afrontar los desafíos propios de su edad. Lo presentaré en forma de expresiones:

1. "Me siento solo y desconectado debido a la pérdida de amigos y seres queridos".

2. "Me preocupa no poder mantener el mismo nivel de actividad física y energía que solía disfrutar".

3. "Estoy lidiando con la necesidad de reinventarme profesionalmente después de haber dejado mi antiguo trabajo".

4. "Siento angustia por la inseguridad económica y el temor a no tener suficiente para jubilarme".

5. "Me preocupa no encontrar un propósito significativo en esta etapa de mi vida".

6. "Estoy enfrentando desafíos en mi matrimonio y me preocupa cómo afectará nuestro futuro juntos".

7. "Llevo el peso de las preocupaciones financieras y las deudas, lo cual me genera un estrés constante".

8. "Experimento cambios en mi salud y me preocupa cómo impactará en mi calidad de vida futura".

9. "Me siento atrapado en una rutina y anhelo la sensación de aventura y exploración".

10. "Creo que me falta tiempo para dedicarme a mis propios intereses y pasiones".

11. "Me preocupa el cuidado y bienestar de mis hijos adultos y cómo puedo seguir apoyándolos".

12. "Estoy experimentando dificultades para conciliar el sueño y descansar adecuadamente".

13. "Enfrento el desafío de adaptarme a la tecnología en constante cambio y me siento frustrado por ello".

14. "Me preocupa envejecer y siento incertidumbre sobre cómo será mi vida en el futuro".

15. "Estoy lidiando con la pérdida de independencia debido a problemas de salud y me siento frustrado.

16. "Me siento abrumado por el estrés y la presión de las

responsabilidades familiares, como el cuidado de mis padres o nietos".

17. "Me preocupa el legado que dejaré y si seré recordado por algo significativo"

18. "Estoy atravesando una transición importante – divorcio o jubilación – y me siento perdido ".

19. "Me enfrento a desafíos en mi imagen corporal, y me cuesta aceptar y amar mi cuerpo a medida que envejece".

20. "Lucho con la soledad y aislamiento social, y deseo reconectar con otras personas de mi comunidad".

Cada una de estas situaciones, representa desafíos propios de la segunda mitad de la vida y requieren herramientas de crecimiento personal para abordarlas de manera efectiva.

Carl Jung, prestigioso psiquiatra y psicoanalista suizo, hablando sobre el viaje introspectivo del ser humano, asegura que cuando el hombre que ha traspasado la mitad de la vida ha visto la muerte de sus padres y de sus contemporáneos, puede tener la sensación de que le queda un tiempo limitado y eso debe llevarlo a reflexionar sobre el propósito y el sentido de la vida. Una reflexión que conduzca hacia una verdad fundamental: en la segunda mitad de la existencia es mandatorio la introspección, la reevaluación y el rediseño.

Si bien los desafíos pueden parecer más profundos y las preguntas más insondables en esta etapa, es precisamente aquí donde el crecimiento y desarrollo personal se vuelve esencial, porque actúa como brújula para los laberintos del camino; es el crecimiento y el desarrollo personal, el que nos permitirá encontrar significado en medio de la incertidumbre, luz en la oscuridad y fortaleza ante la adversidad.

La literatura, la filosofía y las artes han reflexionado sobre este tema durante milenios. Desde los antiguos griegos, con su máxima: "Conócete a ti mismo", hasta autores contemporáneos, la búsqueda del entendimiento y la trascendencia ha sido un tema recurrente. Es una invitación constante a mirar hacia adentro, a nutrir el alma y a descubrir el potencial latente en cada uno de nosotros.

Al cerrar este capítulo, espero haber arrojado luz sobre el poder del crecimiento y el desarrollo personal. Invito a mis lectores a abrazar esta etapa de la vida con curiosidad, valor y pasión. Concederse el permiso de maravillarse ante las sorpresas mágicas que la vida guarda para cada persona. Deseo que este viaje los lleve a rincones inexplorados de su ser, a encuentros significativos y a verdades universales. Que el crecimiento y desarrollo personal sean los grandes aliados en este fascinante viaje que llamamos vida.

La sabiduría acumulada construye puentes entre generaciones, ofreciendo caminos hacia la comprensión y la conexión.

En el viaje hacia la madurez, el puente aparece no como una estructura que conecta lugares, sino como un símbolo de enlace entre generaciones. Su presencia es para hablarnos de la importancia de tender puentes entre la sabiduría de los mayores y la energía de los jóvenes, facilitando así un flujo continuo de conocimientos, experiencias y perspectivas. El puente como un vínculo intergeneracional, destaca el valor de cada etapa de la vida y reconoce que, independientemente de la edad, todos tenemos algo que aportar y mucho que aprender. En este diálogo entre el pasado que informa y el presente que se proyecta hacia el futuro, el puente se convierte en un emblema de unidad y entendimiento mutuo. Nos invita a valorar y preservar nuestro legado colectivo, al tiempo que nos anima a construir sobre él, asegurándonos así de que las riquezas de cada generación sean reconocidas, honradas y compartidas. El puente entre generaciones es un recordatorio de que el arte de vivir plenamente en la edad madura, incluye ser guardianes de la memoria y mentores del porvenir.

CAPÍTULO 8

FELICIDAD Y BIENESTAR EN LA EDAD MADURA

El viaje de la vida es un sendero largo, sinuoso y variado, lleno de paisajes y desafíos. Hay quienes recorren este camino con una sonrisa en los labios, disfrutando cada paso, mientras que otros caminan con la mirada baja, sin notar la belleza a su alrededor. Los que disfrutan del camino llevan en su mochila recuerdos y experiencias que, como piedras preciosas, iluminan su andar; no temen a las lluvias, pues saben que tras ellas siempre surge un arcoíris; y si encuentran piedras en el camino, en vez de tropezar, las usan para construir puentes o marcar la ruta para otros.

Estos caminantes valoran las pequeñas cosas: el canto de un pájaro, el aroma de las flores o la risa de un amigo. Se detienen a descansar, a charlar con otros viajeros, y no permiten que los contratiempos les roben la alegría. Si se sienten perdidos, buscan en su brújula interior, donde residen la sabiduría y la experiencia, y encuentran el camino de vuelta al disfrute.

Por otro lado, hay quienes caminan sin mirar a los lados, apresurados y tensos. Se enfocan en las heridas y no en las caricias del viento. Ven las pendientes como castigos y no como oportunidades para fortalecerse. A menudo se pierden de la belleza del presente por estar atrapados en los ecos del pasado o en los miedos al futuro.

Sin embargo, la belleza de este viaje es que el camino siempre da oportunidades de cambio. En cualquier momento, quienes han caminado sin disfrutar, pueden levantar la mirada, respirar profundo y decidir apreciar el paisaje, aprender de los desafíos y, sobre todo, disfrutar de la aventura que es vivir en la plenitud de la edad madura.

La búsqueda de la felicidad y el bienestar es tema fundamental en la filosofía y la psicología, especialmente en la segunda mitad de la vida. A medida que envejecemos es inevitable cuestionar e indagar sobre el propósito de nuestras vidas y cómo encontrar la tan anhelada felicidad. Numerosos autores reconocidos han abordado este tema desde distintas perspectivas, ofreciendo una diversidad de enfoques valiosos.

Uno de los filósofos más destacados que trató el tema de la felicidad fue Aristóteles. Para él, la eudaimonía o la "buena vida" es el objetivo último del ser humano. Según este filósofo griego, la felicidad se alcanza a través de la virtud y el desarrollo de nuestras potencialidades. "La felicidad depende de nosotros mismos", afirmaba.

Por otro lado, Epicuro propuso una visión radicalmente distinta de la felicidad. Para él, la clave reside en encontrar el placer en las cosas sencillas y evitar el sufrimiento. Él decía: *"La felicidad es conseguir lo que deseas, pero también deseando lo que tienes"*.

En la psicología contemporánea, Abraham Maslow, desarrolló la teoría de la pirámide de las necesidades, destacando que la autorrealización es el nivel máximo de la búsqueda de la felicidad. Según Maslow, cuando cubrimos nuestras necesidades básicas podemos aspirar a ser la mejor versión de nosotros mismos. *"El sentido de la vida es el crecimiento"*, era su postulado.

Es importante distinguir entre la felicidad y el bienestar, pues aunque están relacionados, no son lo mismo. La felicidad se refiere a un estado emocional positivo, una sensación subjetiva de satisfacción con la vida, mientras que el bienestar es un concepto más amplio que abarca aspectos físicos, mentales y sociales; se refiere a un estado de equilibrio y armonía en todos los aspectos de la vida.

La felicidad y el bienestar se necesitan mutuamente para lograr una vida plena. La felicidad proporciona un sentido de propósito, una motivación que impulsa a las personas a buscar el bienestar en todas sus dimensiones. Entre tanto, el bienestar físico y mental promueve una actitud positiva y una mayor capacidad para experimentar la felicidad. Como expresaba el filósofo Epicuro: *"La felicidad radica en los placeres sencillos de la existencia"*.

Disfrutar es la esencia de la longevidad:

En un mundo que está experimentando una creciente longevidad es fundamental reconocer y promover la importancia de disfrutar plenamente de esta etapa de la vida. A medida que las personas viven más tiempo se abre un capítulo lleno de potencialidades y oportunidades para la satisfacción personal. A través de la reflexión y la investigación, examinaremos cómo el disfrute puede mejorar la calidad de vida en la longevidad y cómo se ha convertido en un aspecto central en la narrativa sobre el envejecimiento activo y el bienestar.

En primer lugar, el disfrute en la longevidad se ha convertido en un tema central debido a su influencia en la calidad de vida de las personas mayores. A medida que vivimos más tiempo, es crucial cambiar la perspectiva sobre el envejecimiento; en lugar de asociarlo con tristeza, incapacidad y aislamiento, el enfoque debe orientarse hacia el disfrute como un elemento clave para el bienestar en esa etapa de la vida. El disfrute permite experimentar alegría, plenitud y contribuye a una mayor satisfacción con la vida en general. Además, se ha demostrado que tiene beneficios para la salud física y mental.

Segundo, cuando disfrutamos de nuestras vidas somos más propensos a mantener una actitud positiva y resiliente frente a los desafíos que puedan surgir. Disfrutar incentiva la participación en actividades físicas, intelectuales, culturales y sociales, lo cual contribuye a mantener un estilo de vida estimulante y activo.

En tercer lugar, disfrutar durante la longevidad se relaciona con la autorrealización. Nos recuerda la importancia de encontrar placer en las pequeñas cosas, buscar actividades significativas y cultivar nuestras pasiones; nos permite conectarnos con nuestras emociones y valores, y nos invita a explorar nuevas experiencias y desafíos. A través del disfrute podemos encontrar un mayor sentido de propósito. En esta nueva etapa definida actualmente como "nueva longevidad", el disfrute se convierte en una pieza central del rompecabezas para vivir una vida satisfactoria y significativa.

En la sociedad actual, la idea de disfrutar plenamente la segunda mitad de la vida se ha convertido en un tema cada vez más relevante. Sin embargo, no se trata únicamente de una cuestión de motivación personal, sino de una temática que ha sido abordada por diversos autores a lo largo de la historia.

A medida que el ser humano avanza en edad, experimenta cambios tanto físicos como emocionales, los cuales pueden influir en su percepción y apreciación de la vida. Ante este panorama, es comprensible que muchas personas se pregunten cómo encontrar la felicidad y el disfrute en esta etapa de la vida, teniendo en cuenta los nuevos desafíos y oportunidades que se presentan.

Autores como Viktor Frankl[1], psiquiatra y escritor austriaco, han sostenido que el sentido de la vida está en la búsqueda de significado y propósito, incluso en la vejez. De acuerdo con esta perspectiva, disfrutar en la segunda mitad de la vida no se trata únicamente de perseguir placeres superficiales, sino de encontrar un propósito que brinde satisfacción y significado a nuestra existencia.

Por otro lado, figuras como Carl Jung, psicólogo suizo, han ahondado en la importancia de la individuación y el autoconocimiento como claves para disfrutar plenamente la vida en cualquier etapa. Según Jung, el proceso de autodescubrimiento y aceptación de quiénes somos en realidad, sin importar la edad que tengamos, nos permite desarrollar una conexión más auténtica y profunda con nosotros mismos, lo cual influye positivamente en nuestra capacidad para disfrutar de cada experiencia.

Asimismo, autoras contemporáneas como Brené Brown[2] enfatizan la importancia de cultivar la resiliencia emocional y la vulnerabilidad para poder disfrutar plenamente la segunda mitad de la vida. Según Brown, estos dos aspectos son fundamentales para superar los miedos y bloqueos que pueden surgir en esta etapa, y permiten abrirnos a nuevas experiencias y relaciones significativas.

---

1   Viktor Emil Frankl (Viena, Austria; 26 de marzo de 1905-2 de septiembre de 1997), fue un neurólogo, psiquiatra y filósofo austriaco, fundador de la logoterapia y del análisis existencial

2   Brené Brown (San Antonio, Texas, 18 de noviembre de 1965) es una académica y escritora estadounidense, actualmente profesora e investigadora en la Universidad de Houston

El disfrute en la segunda mitad de la vida:

Las consideraciones son factores a tener en cuenta antes de abordar un tema en particular. A continuación presentaré siete consideraciones que deben tenerse presente antes de hablar sobre la felicidad y el bienestar en la segunda mitad de la vida.

La utilidad de estas consideraciones reside en proporcionar una base sólida y reflexiva antes de adentrarnos en el tema. Las presento como una guía práctica que tienen los puntos clave que permitirán comprender mejor por qué el disfrute es un elemento importante para la felicidad y el bienestar. Veamos:

- Se debe comprender que el concepto de disfrute es subjetivo y personal, por lo que cada individuo debe encontrar su propia definición de lo que significa disfrutar en esta etapa de la vida. Puede ser experimentar alegría en las pequeñas cosas, encontrar satisfacción en actividades cotidianas o perseguir grandes pasiones y aventuras. Cada persona tiene el derecho de determinar qué actividades, hobbies o relaciones le generan satisfacción y felicidad.

- Es fundamental adoptar una mentalidad positiva y abierta hacia la vida, enfocándose en apreciar lo que se tiene y disfrutar de los momentos presentes. El cambio de perspectiva hacia una actitud optimista marca una diferencia significativa en la capacidad de disfrutar cada experiencia.

- Las personas se preocupan demasiado por el pasado o se angustian por el futuro, lo cual les impide disfrutar plenamente del presente. Aprender a estar completamente presentes en el aquí y ahora permite saborear cada instante y encontrar gratitud en las experiencias diarias.

- La segunda mitad de la vida no tiene por qué ser monótona o aburrida. Debe haber disposición a probar cosas nuevas, a salir de la zona de confort, y a experimentar emociones y sensaciones diferentes, como aprender una habilidad, viajar a lugares desconocidos o aprovechar las oportunidades para conectarse con los seres queridos y con la naturaleza.

- El disfrute en la segunda mitad de la vida está estrechamente vinculado con las relaciones que cultivamos. Es esencial dedicar tiempo y energía a fortalecer los lazos familiares y amistosos, ya que son los que nos garantizarán apoyo emocional y compañía en esta etapa de la vida. Compartir risas, confidencias y experiencias enriquecedoras con nuestros seres queridos, contribuye significativamente al disfrute y al bienestar.

- El disfrute pleno de la vida requiere del cuidado de la salud física y emocional. Es importante adoptar hábitos saludables como una dieta equilibrada, ejercicios adecuados y un equilibrio entre el descanso y la actividad. Además, prestar atención a las necesidades emocionales.

• El disfrute en la segunda mitad de la vida se refuerza al buscar oportunidades para ser útiles a los demás. Dejar un legado que perdure más allá de nosotros nos permite sentirnos parte de algo más grande y trascendental.

Estas consideraciones se entrelazan para formar un enfoque integral sobre el disfrute en la longevidad. Recuerda, el disfrute no es un lujo, sino una necesidad esencial para vivir una vida significativa y satisfactoria.

Debemos tomar tiempo para indagar con sinceridad si estamos disfrutando plenamente la segunda mitad de nuestra vida. No basta con tener conocimiento sobre la importancia de disfrutar, tenemos que explorar la experiencia propia y reflexionar sobre qué podemos hacer para saborear cada momento en esta etapa. Solo al enfrentar estas preguntas internas y tomar medidas concretas podremos abrirnos a la posibilidad de alcanzar una verdadera plenitud. Disfrutar es un derecho y una meta digna de perseguir, y solo nosotros mismos tenemos el poder de hacerlo realidad.

MITOS SOBRE DISFRUTAR LA LONGEVIDAD:

Los mitos son falsas creencias arraigadas en la sociedad que se transmiten de generación en generación y pueden influir de manera relevante en nuestra vida diaria. A menudo, estos mitos se convierten en barreras. Es esencial comprender su importancia, ya que pueden sesgar nuestras decisiones y limitar nuestro potencial.

Los mitos, en particular los relacionados con la posibilidad de disfrutar en la segunda mitad de la vida, pueden socavar nuestra capacidad para vivir plenamente y encontrar satisfacción en esta etapa. Derribar estas creencias erróneas es fundamental para liberarnos de las limitaciones autoimpuestas y permitirnos experimentar una vida enriquecedora sin importar nuestra edad.

A continuación presento los mitos más frecuentes y al mismo tiempo, ofreceré una frase antídoto después de cada uno de ellos, que actuará como contrapunto a la creencia limitante y nos desafiará a reconsiderar nuestras percepciones y adoptar una mentalidad más positiva y empoderadora:

1. **Mito:** "Disfrutar no es posible en la vejez y ancianidad". Se origina en la percepción negativa de que esta es una etapa de limitaciones y pérdidas, lo que lleva a la creencia de que no se puede gozar en esta fase de la vida.

Frase antídoto: "La vejez es la época dorada para disfrutar de la vida y encontrar la plenitud en cada momento." - Betty Friedan.

2. **Mito:** "Las posibilidades de disfrutar disminuyen a medida que envejecemos". Mito basado en la idea de que la vejez trae consigo pérdida de energía, salud y oportunidades para disfrutar.

Frase antídoto: "No envejecemos, nos volvemos más grandes, más sabios y más satisfechos" - Pearl S. Buck.

3. **Mito:** "Las personas mayores se ven ridículas queriendo hacer cosas propias de los más jóvenes o de otras etapas de la vida". Tiene base en actitudes edadistas y estereotipos negativos sobre la edad. Existe la idea errónea de que las personas mayores no pueden disfrutar de actividades consideradas propias de los jóvenes, como bailar, hacer deporte o aprender nuevas tecnologías.

Frase antídoto: "La edad no define nuestras capacidades; la pasión y la determinación no tienen límites." - Nelson Mandela.

4. **Mito:** "Para disfrutar en la vejez, debes tener dinero y poder viajar o tener lujos". Surge de pensar que el disfrute en la vejez está asociado principalmente con actividades costosas y viajes extravagantes.

Frase antídoto: "El verdadero lujo está en encontrar alegría en las cosas más simples de la vida, sin importar la edad o las circunstancias." - Genevieve Behrend.

5. **Mito:** "Disfrutar está reservado para los niños, adolescentes, jóvenes y adultos en su primera etapa". Basado en la creencia de que la felicidad y el disfrute son exclusivos de las etapas tempranas de la vida.

Frase antídoto: "La felicidad no tiene edad; está determinada por nuestra actitud y la forma en que abrazamos cada etapa de la vida." - Walt Disney.

6. **Mito:** "A partir de cierta edad, las personas deben ser más orientadas a la religiosidad, cuidar a los nietos, y eso es suficiente". Surge de expectativas culturales o religiosas sobre cómo deberían vivir las personas mayores.

Frase antídoto: "La vejez no es sinónimo de resignación y recogimiento, sino de libertad para vivir y disfrutar de nuestras pasiones, explorar nuevos horizontes y encontrar el sentido que le daremos a cada día." - Gabriel García Márquez.

Es preciso desafiar estos mitos y adoptar una perspectiva más positiva y realista sobre el envejecimiento. Cada persona tiene el potencial de disfrutar y encontrar satisfacción en la vejez, y es esencial reconocer y apreciar la diversidad de experiencias y posibilidades en esta fase de la vida.

CUATRO PILARES QUE PUEDEN AYUDAR A ALCANZAR LA PLENITUD EN LA SEGUNDA MITAD DE LA VIDA:

Durante mucho tiempo se ha asociado el envejecimiento con la tristeza, el recogimiento y alejarse de las actividades y diversiones que antes brindaban placer. Sin embargo, en mi experiencia personal y profesional he descubierto que es posible disfrutar plenamente la edad madura y convertirla en una etapa de crecimiento, satisfacción y felicidad.

Para lograr este objetivo, he identificado cuatro pilares que componen la base para una vida interesante, productiva y, sobre todo, disfrutable. Estos fundamentos se basan en la filosofía del bienestar y son clave para vivir con plenitud en la edad madura.

El primer pilar se refiere a la importancia de pertenecer. Si bien la familia sigue siendo crucial, es esencial buscar "tribus" adicionales, conexiones sociales y comunitarias que enriquezcan nuestra vida. Ampliar los círculos de pertenencia nos permite experimentar diferentes perspectivas, intereses y actividades que nos brindarán satisfacción personal y nos harán sentir parte de algo más grande.

El segundo pilar radica en el disfrute en sí mismo, pero de una manera más amplia. Se trata de adoptar una filosofía del bienestar, una inclinación a vivir en plenitud y ser felices. Es fundamental saborear la vida en todas sus manifestaciones, desde los pequeños placeres cotidianos hasta las grandes experiencias. Este fundamento nos invita a apreciar cada momento, practicar la gratitud, cultivar la alegría y abrazar el presente.

El tercer pilar se centra en activar y mantener las energías del amor y de la sexualidad. Cuando hablo del amor me refiero a todas sus expresiones, incluyendo las relaciones afectivas que implican intimidad y conexión. Es importante cultivar y nutrir estas relaciones, ya sea con los seres queridos, parejas o amigos cercanos. Asimismo, es crucial distinguir entre tener relaciones sexuales y mantener activa la energía sexual en todas sus manifestaciones, disfrutando del placer y el erotismo que esta etapa de la vida puede ofrecer.

El cuarto y último pilar consiste en adquirir una filosofía del "bienvivir". ¿Qué significa "bienvivir"? Tomar decisiones conscientes y responsables, llevar una vida equilibrada, en armonía con nosotros mismos y con nuestro entorno.

En este capítulo te invito a explorar los tres primeros pilares y reflexionar sobre cómo puedes integrarlos en tu vida cotidiana, teniendo en cuenta que son como columnas que sostienen el edificio de nuestra existencia. La sexualidad y el cuarto pilar serán temas que veremos en los siguientes capítulos.

PRIMER PILAR: ENCUENTRA TU TRIBU Y EXPANDE TUS VÍNCULOS:

En la segunda mitad de la vida es común encontrarnos en una encrucijada en la que nuestras relaciones y conexiones previas pueden no ser tan sólidas como solían ser. Los hijos han crecido y tienen sus propias vidas, los amigos pueden haberse alejado o fallecido, y la rutina laboral ya no es como antes. Sin embargo, es importante recordar que la vida no termina aquí, sino que abre un nuevo capítulo lleno de oportunidades para encontrar personas que, al igual que nosotros, están interesadas en seguir participando en actividades y conocer gente con gustos afines.

En la sociedad contemporánea se observa la emergencia y proliferación de las llamadas "Tribus"; grupos caracterizados por compartir intereses, valores y estilos de vida particulares. Encontrar nuestras tribus nos permite romper con la soledad del cambio y la incertidumbre que puede acompañarnos durante la segunda mitad de la vida.

Al unirnos a grupos afines nos rodeamos de personas que

están en nuestra misma página en términos de intereses y aspiraciones. Eso nos brinda la posibilidad de establecer nuevas relaciones significativas, expandir perspectivas y descubrir oportunidades en diversos ámbitos de la vida; además, nos permite mantenernos comprometidos y motivados con nuestro desarrollo personal.

Los estudios demuestran que las conexiones sociales son clave para la felicidad y el bienestar, y al encontrar una tribu nos aseguramos de tener un espacio en el que podemos compartir experiencias similares, consejos e inspiración. Al estar rodeados de personas que entienden nuestras luchas y triunfos, nos sentimos validados y motivados para seguir adelante.

Asimismo, las tribus pueden brindarnos oportunidades de crecimiento tanto personal como profesional. Al compartir intereses y pasiones con personas afines, nos exponemos a otras ideas, perspectivas y conocimientos, lo que amplía nuestra visión del mundo y puede abrir puertas a experiencias y nuevos aprendizajes.

En fin, encontrar nuestras tribus en la segunda mitad de la vida nos ayuda a construir una identidad sólida y a encontrar un propósito significativo. Al conectarnos con personas que comparten nuestros valores y aspiraciones nos sentimos parte de algo más grande que nosotros, lo que nos impulsa a seguir creciendo y contribuyendo a la comunidad de la que ahora formamos parte. No dependamos únicamente de las relaciones establecidas hasta ahora, busquemos activamente nuestras tribus y aprovechemos el poder transformador que pueden traer a nuestra vida.

En la sociedad actual existen diversas tribus urbanas a las cuales podemos pertenecer, cada una con su propio estilo, intereses y formas de vida. La riqueza de pertenecer a múltiples tribus nos permite explorar diferentes facetas de nuestra identidad y sumergirnos en diversas experiencias culturales. A continuación presentaré una lista que recoge algunas de las tribus urbanas con las que personas de la segunda mitad de la vida pueden encontrar afinidad y conexión.

1. **Los viajeros:** son apasionados por viajar y explorar el mundo. Ya sea que viajen solos o en grupos, buscan experiencias nuevas y emocionantes. Les encanta sumergirse en diferentes culturas, probar nuevas comidas y descubrir lugares fascinantes. Para ellos, el viaje es una forma de expandir sus horizontes y encontrar nuevas conexiones en esta etapa de la vida.

2. **Los amantes del arte:** son quienes encuentran inspiración y placer en todas las formas de arte. Pueden ser aficionados a la pintura, la música, la danza, el teatro o cualquier otra manifestación artística. Participan activamente en la escena artística local, visitan museos y galerías, y disfrutan de eventos culturales. Para ellos, el arte es una forma de expresión y una fuente de enriquecimiento personal.

3. **Los deportistas:** este grupo se dedica a mantenerse activo físicamente y participa en diversas actividades deportivas. Pueden practicar deportes individuales como el golf, la natación o el ciclismo, o involucrarse en deportes de equipo como fútbol o baloncesto. Mantenerse en forma es una prioridad para ellos y encuentran satisfacción y camaradería en la práctica deportiva.

4. **Los amantes de la naturaleza:** buscan una conexión profunda con la naturaleza y disfrutan de pasar tiempo al aire libre. Les gusta hacer caminatas, acampar, observar aves, practicar senderismo o simplemente relajarse en entornos naturales. La tranquilidad y la paz que encuentran en la naturaleza les ayuda a recargar energías y mantener un equilibrio en sus vidas.

5. **Los emprendedores:** se caracterizan por su espíritu y deseo de seguir creciendo personal y profesionalmente. Pueden estar involucrados en el lanzamiento de negocios, la creación de proyectos creativos o la participación en organizaciones sin fines de lucro. Para ellos, la segunda mitad de la vida es una oportunidad para seguir persiguiendo sus pasiones y dejar un legado.

6. **Los voluntarios:** tienen un fuerte deseo de dar a los demás y contribuir a su entorno. Pueden estar involucrados en causas sociales, trabajar con

organizaciones benéficas o participar en proyectos de servicio a la comunidad. Encontrar significado y propósito en su ayuda a otros es lo que los impulsa y les brinda satisfacción personal.

7. **Los grupos sociales y profesionales:** aquí se incluyen colectivos como clubes de lectura, organizaciones de voluntariado, asociaciones profesionales y grupos de debate político. Estos espacios brindan la oportunidad a las personas de conectarse con otros que comparten su enfoque y formar relaciones basadas en intereses comunes.

8. **Los grupos religiosos:** iglesias, sinagogas, mezquitas y otros lugares de culto son tribus naturales para personas con una orientación conservadora y valores religiosos. Allí las personas pueden encontrar un sentido de comunidad, participar en actividades religiosas y desarrollar relaciones basadas en su fe compartida.

9. **Los clubes de bridge o ajedrez:** brindan una oportunidad para que las personas conservadoras y formales disfruten de juegos de estrategia y socialicen con otros miembros que comparten su pasión por esta práctica.

10. **Los buscadores espirituales:** son personas que en su búsqueda de significado se sumergen profundamente en la espiritualidad; no necesariamente

vinculada a la religión, aunque puede ser parte de ella. Participan en retiros espirituales, meditación, estudio de textos sagrados o filosóficos, y peregrinaciones a lugares sagrados. Su principal objetivo es alcanzar una comprensión más profunda de sí mismos y del universo, conectarse con lo divino y trascender el materialismo del mundo moderno.

11. **Los ecológicos:** personas mayores que han desarrollado una profunda preocupación por el estado del planeta. Su experiencia les ha mostrado los cambios radicales que el medio ambiente ha sufrido a lo largo de los años y sienten responsabilidad de actuar. Participan en acciones como reforestación, protección de especies en peligro de extinción, reciclaje avanzado y educación ambiental para las generaciones más jóvenes. Buscan dejar un mundo mejor para sus nietos y las futuras generaciones, así como remediar el daño ecológico que han presenciado durante su vida.

12. **Los exploradores alternativos:** grupo compuesto por personas que buscan soluciones fuera de los métodos convencionales, ya sea en medicina, bienestar o tecnología. Pueden practicar o abogar por la medicina holística, agricultura orgánica, técnicas de construcción sostenible o tecnologías alternativas de energía. Desean promover una vida más equilibrada y armoniosa, menos dependiente de soluciones industriales y más conectada con la naturaleza y el bienestar del cuerpo y la mente.

Presentaré seis casos de personas que han encontrado sus tribus en la segunda mitad de la vida y cómo sus vidas han sido impactadas de manera significativa debido a ello.

Maritza, de 73 años. Después de jubilarse, se sintió perdida y aislada. Decidió unirse a un club de lectura y descubrió que compartía su pasión por la literatura con otras personas de su edad. Maritza encontró en ese grupo una comunidad con la que podía discutir y disfrutar de su amor por los libros. Su tribu literaria no solo la ayudó a llenar su tiempo libre, también le brindó la oportunidad de establecer fuertes lazos de amistad y enriquecer su vida intelectual.

Agustín, de 64 años. Después de enviudar, se encontró en un estado de soledad abrumador. Decidió tomar clases de baile y se unió a un grupo de danza latina. A través de esa práctica, Agustín no solo encontró una tribu de apasionadas por el baile, sino también una forma de expresar sus emociones y superar su dolor. Bailar se convirtió en su escape y en una nueva manera de conectarse con otras personas.

Máxima, de 62 años. Siempre se sintió inclinada al voluntariado, pero nunca había tenido el tiempo suficiente para dedicarse por completo a ello. Después de retirarse, decidió unirse a una organización sin fines de lucro que se enfoca en ayudar a la comunidad local. Máxima encontró su tribu en este grupo de personas comprometidas y solidarias. A través de su trabajo voluntario, Máxima pudo encontrar un nuevo propósito en la segunda mitad de su vida y cosechó una gran satisfacción al brindar su tiempo y habilidades para hacer una diferencia en la vida de los demás.

Alfonso, de 59 años. Después de trabajar por varios años como abogado, Alfonso decidió seguir su pasión por la música. Comenzó a tomar clases de guitarra y eventualmente se unió a una banda local. A través de la música, Alfonso encontró un grupo de personas con las que comparte su amor por el arte y la creatividad. Además de disfrutar el interpretar la música, la banda se convirtió en su tribu, brindándole así un sentido de camaradería y la oportunidad de expresarse a través de la música.

Sandra, de 58 años. Después de criar a sus hijos y cumplir con las responsabilidades familiares, Sandra decidió centrarse en su bienestar personal. Comenzó a practicar yoga y encontró un estudio donde podía conectarse con otras personas que también buscaban cultivar la paz interior y la salud física. El yoga se convirtió en su tribu, proporcionándole no solo una práctica física beneficiosa para su cuerpo, sino también una comunidad de apoyo con la que podía compartir su camino de crecimiento personal.

Marino, de 62 años. Durante muchos años mantuvo su pasión por la fotografía como un hobby. Después de jubilarse, decidió convertir su pasatiempo en algo más serio y se unió a un grupo de fotografía local. Allí encontró una tribu con quienes podía compartir su amor por ese arte, aprender de otros y embarcarse con ellos en aventuras fotográficas. Unidos por su pasión compartida, estos individuos formaron un vínculo duradero y se apoyan mutuamente en su viaje como fotógrafos.

Estos seis casos ilustran cómo encontrar una tribu en la segunda mitad de la vida puede traer significado, conexión y satisfacción. Al unirse con personas con intereses comunes o pasiones compartidas, podemos fomentar amistades sólidas, experimentar crecimiento personal y descubrir nuevas formas de disfrutar y enriquecer nuestra vida.

En conclusión, en esta etapa de la vida es primordial encontrar nuestras tribus. Quiero animarte a que te aventures a descubrir diferentes grupos que compartan tus intereses y valores. Recuerda, no hay límites en la cantidad de tribus a las que puedas pertenecer; en realidad, es enriquecedor tener distintas en tu vida. Cada tribu te brindará diversas experiencias, aprendizajes y conexiones significativas.

PARA AYUDARTE EN LA BÚSQUEDA TE RECOMIENDO SEGUIR ESTOS SIMPLES TIPS:

1. **Explora tus intereses y pasiones.** Piensa en lo que disfrutas hacer y qué tipo de personas podrías conocer en ese ámbito.

2. **Participa en actividades y eventos relacionados:** asiste a reuniones, conferencias, talleres o clases que estén alineadas con tus intereses.

3. **Utiliza las redes sociales y las aplicaciones:** busca grupos o comunidades en línea que se alineen con tus intereses particulares.

4. **Muestra apertura y disposición para conocer nuevas personas:** mantén una mente abierta y sé amigable. Te permitirá conectarte con otros de manera más fácil.

Recuerda que encontrar tus tribus te brindará nuevas perspectivas, apoyo emocional y la oportunidad de construir relaciones valiosas en esta importante etapa de tu vida. ¡Anímate a explorar y descubrir tus tribus urbanas en la segunda mitad de la vida!

"El ser humano es un ser social por naturaleza, y encontrar

nuestra tribu, aquellos con quienes compartimos intereses y valores, nos brinda un sentido de pertenencia vital para nuestro bienestar y plenitud en la vida." – Aristóteles.

SEGUNDO PILAR: DISFRUTAR Y SABOREAR LA VIDA - UNA PROPUESTA PARA LA LONGEVIDAD

Cuando pensamos en la edad madura solemos evocar imágenes de quietud, retiro y recogimiento. Sin embargo, ¿qué pasaría si reimaginamos la segunda mitad de la vida no como una retirada, sino como una inmersión en la diversión y el sabor de cada experiencia? Si bien puede parecer superficial a primera vista, ahondar en la importancia del juego y el sabor en la longevidad es profundamente revolucionario.

Friedrich Nietzsche, filósofo alemán, una vez dijo: *"La madurez del hombre es haber vuelto a encontrar la seriedad con la que jugaba cuando era niño"*. Esta frase nos invita a reconsiderar el juego no como una actividad infantil, sino como un estado esencial del ser humano, independientemente de su edad. A medida que avanzamos en la vida, la diversión y el juego parecen quedar relegados a un segundo plano, pero, ¿no podría ser precisamente este el elixir que revitalice nuestra existencia?

Por otro lado, saborear la vida implica una conexión profunda con el presente. Se trata no solo de percibir con nuestros cinco sentidos, sino de absorber cada experiencia viviéndola con plenitud. En palabras de Thich Nhat Hanh, monje zen y activista por la paz: "La verdadera alegría proviene de estar completamente presentes"[1]. No se trata solo de "estar", sino de "estar verdaderamente".

El ritmo frenético de la vida moderna nos lleva a consumir experiencias en lugar de saborearlas. Vemos paisajes a través de las lentes de nuestras cámaras en lugar de nuestros ojos, y escuchamos historias mientras pensamos en la siguiente tarea. Este consumo voraz nos desconecta de la esencia del momento y nos priva de la riqueza de la experiencia.

El filósofo y escritor Alan Watts, argumentaba que la vida es un juego, un juego que jugamos con nosotros mismos y con los demás. Para disfrutar de él, debemos aprender a no tomarnos demasiado en serio, a relajarnos, a reír y, sobre todo, a saborear. Watts decía: "El significado de la vida es simplemente estar vivo. Es tan claro, tan obvio y tan simple; sin embargo, todo el mundo corre en grandes círculos persiguiendo la cola de su propia felicidad".

Entonces, ¿cómo reintegramos el juego y el sabor en nuestras vidas? Se trata de redescubrir la alegría en las pequeñas cosas, de permitirse ser juguetón y curioso, de relajarse y de estar presente. Significa reconocer que cada momento es único e irrepetible, y que vale la pena saborearlo al máximo.

No podemos olvidar las palabras de George Bernard Shaw: *"No dejamos de jugar porque envejecemos, envejecemos*

1   Thich Nhat Hanh (2001). "Estás aquí, la magia del momento presente". Kairós

porque dejamos de jugar". La invitación, entonces, es clara: permitámonos seguir jugando, seguir riendo y, sobre todo, seguir saboreando cada instante, porque en esa amalgama de momentos es donde verdaderamente reside la esencia de la vida.

Al mirar hacia el futuro y nuestra relación con la longevidad, consideremos estos dos conceptos esenciales: jugar y saborear. A medida que sumamos años, sumemos también risas, experiencias e instantes saboreados. Al final del día, es a través de tales prácticas que realmente vivimos.

Al sumergirnos en la segunda mitad de la vida tenemos el beneficio de la perspectiva. Hemos recorrido caminos, enfrentado tormentas y disfrutado de momentos de calma. Con esa riqueza de experiencias, podemos elegir cómo enfrentar los años que nos quedan.

El concepto del "carpe diem", o "atrapa el día", tan popularizado por los romanos, sigue siendo relevante hoy. No se trata solo de aprovechar el momento, sino de vivirlo con plenitud y consciencia. Es una invitación a reír más, a experimentar con curiosidad, a bailar sin motivo y a encontrar gozo en las cosas simples.

Jean-Paul Sartre, uno de los principales exponentes del existencialismo, sostenía que somos radicalmente libres y que con esa libertad viene una profunda responsabilidad de elegir. ¿Y si eligiéramos la diversión? ¿Y si en lugar de ver la vida como un conjunto de responsabilidades y obligaciones, la percibiéramos como un juego en el que podemos, y deberíamos divertirnos?

La realidad es que la vida es efímera. Cada risa, cada sabor, cada caricia y cada melodía son instantes que no volverán. Saborearlos significa honrar esa efímera belleza. Como dijo el poeta William Blake: *"Ver el mundo en un grano de arena y el cielo en una flor silvestre, tener el infinito en la palma de tu mano y la eternidad en una hora"*[2] .

En la segunda mitad de la vida poseemos el don de la sabiduría que proviene de las vivencias, y con esa sabiduría podemos discernir lo que realmente importa. Ya no es el qué, sino el cómo. No es la cantidad, sino la calidad. Y es que a medida que el tiempo se vuelve más precioso, la forma en que lo vivimos se hace aún más significativa.

Finalmente, es esencial recordar que no estamos solos en este viaje. Al compartir la diversión, el juego y el acto de saborear con seres queridos, amigos y hasta desconocidos, amplificamos la riqueza de la experiencia. Nuestra humanidad compartida se vuelve un eco de risas, sabores y momentos atesorados.

La propuesta es clara: vivir con pasión, con alegría y con un profundo deseo de saborear cada instante, porque en el gran esquema de la existencia, es el juego, la risa y la presencia plena, lo que nos permite ver, sentir y ser verdaderamente humanos. En la longevidad, no busquemos solo sumar años a <u>la vida, sino vida</u> a los años.

2   William Blake (2009): "Ver un mundo en un grano de arena". Visor libros.

EL ARTE DE SABOREAR LA VIDA

La capacidad de saborear no se limita a la comida, es una facultad que nos permite apreciar plenamente cada momento, cada experiencia y cada sensación. Al hacerlo, enriquecemos la vida y potenciamos nuestro bienestar. Enseguida presento ejemplos de experiencias que, si aprendemos a saborearlas, pueden transformar nuestra percepción y facilitar un disfrute más profundo:

1. **Amaneceres y atardeceres**: en lugar de simplemente mirar cómo el sol se asoma o se esconde, detente a sentir la brisa, escuchar el canto de las aves o simplemente admirar el cambio de colores en el cielo.

2. **Lectura:** en vez de leer rápidamente, sumérgete en cada palabra, visualiza la historia y conecta con las emociones que el texto evoca.

3. **Comida:** más allá de alimentarnos, tomémonos el tiempo para apreciar cada sabor, textura y aroma de lo que consumimos.

4. **Escuchar música:** cierra los ojos y permite que cada nota, cada acorde, resuene en tu interior. Siente cómo la música te mueve y te transporta.

5. **Caminatas en la naturaleza:** observa detenidamente la flora y la fauna. Siente el terreno bajo tus pies, el olor de la tierra mojada, el sonido del viento entre las hojas.

6. **Conversaciones:** escucha activamente, conecta con la persona, siente la empatía y el intercambio genuino de ideas y sentimientos.

7. **Artes y manualidades:** ya sea pintar, esculpir o tejer, sumérgete en el proceso creativo, siente cada pincelada, cada moldeado, cada puntada.

8. **Meditación y respiración:** en lugar de considerarlo una tarea, siente cada inhalación y exhalación, conectando con el momento presente.

9. **Juego con niños o mascotas:** sumérgete en su mundo, disfruta de la inocencia, la alegría y la espontaneidad que a menudo olvidamos en la vida adulta.

10. **Lluvia:** siente las gotas en tu piel, escucha el ritmo sobre los tejados y disfruta del aroma fresco que trae consigo.

La clave es estar presente, permitirnos sentir y experimentar plenamente. Cada momento, por más simple que parezca, es una oportunidad para reconectar con nosotros mismos y con el mundo que nos rodea. Al aprender a saborear estas experiencias no solo potenciamos el disfrute, nutrimos el espíritu y enriquecemos nuestra vida.

SABOREAR LO INTANGIBLE: EL ARTE DE VALORAR LO INAPRECIABLE

Saborear lo intangible implica reconocer, apreciar y deleitarse en experiencias, emociones e instantes que no tienen una presencia física, pero que impactan profundamente nuestro ser. Estos elementos inapreciables nos brindan una riqueza emocional y espiritual, permitiéndonos conectar a niveles más profundos con nosotros mismos y con el mundo que nos rodea.

Ciertas cosas muy valiosas de la vida no se pueden tocar, ver o medir, pero pueden ser sentidas profundamente en el corazón y en el alma. Estos elementos nos enriquecen, nos moldean y, en última instancia, definen la esencia misma de nuestra existencia humana. Veamos:

• **Conexión emocional:** al apreciar lo intangible, fortalecemos nuestras emociones y nuestra capacidad para empatizar y conectarnos con otros, y con nuestras propias experiencias internas.

• **Profundidad espiritual:** nos brinda una dimensión más profunda de la vida, más allá de lo material, permitiendo un crecimiento y reflexión espiritual.

• **Perspectiva enriquecida:** nos enseña a valorar aspectos que a menudo pasamos por alto, pero que constituyen la esencia misma de nuestra existencia.

• **Bienestar y gratitud:** reconocer y valorar lo

intangible lleva a una mayor gratitud, lo que a su vez está vinculado a bienestar integral y satisfacción en la vida.

EJEMPLOS DE CÓMO SABOREAR LO INTANGIBLE

1. **Recuerdos:** revivir momentos pasados, ya sean felices o nostálgicos, y valorar el impacto que tuvieron en nuestra vida.

2. **Emociones:** tomarse el tiempo para sentir realmente una emoción, ya sea alegría, tristeza, esperanza o amor, y reflexionar sobre su origen y significado.

3. **Relaciones:** valorar el amor, la amistad y la conexión con otros, más allá de las interacciones físicas o verbales.

4. **Sensación de paz:** disfrutar de un momento de serenidad, ya sea en meditación o simplemente sentados en silencio, y apreciar el bienestar que trae.

5. **Inspiración:** sea a través del arte, la música o la naturaleza; permitir que la inspiración fluya y reconozca su impacto en nuestra creatividad y perspectiva.

6. **Valores y creencias:** reflexionar sobre nuestros principios y convicciones personales y cómo guían nuestras decisiones y comportamientos.

7. **El paso del tiempo:** valorar la transitoriedad de la

vida, el cambio de las estaciones, el crecimiento y la evolución.

8. **Momentos efímeros:** disfrutar de un atardecer fugaz, una risa compartida o una sensación pasajera de alegría.

9. **Esperanza y sueños:** permitirnos soñar, tener esperanzas y visualizar futuros posibles, apreciando la energía y motivación que nos brinda ese ejercicio.

10. **El sentido de pertenencia:** ya sea a una comunidad, a una cultura o simplemente a un grupo de amigos. Valorar esa conexión y unidad.

PROFUNDIZANDO EN EL DISFRUTE: UNA INMERSIÓN MULTISENSORIAL Y EMOCIONAL

Más allá de lo que vemos y tocamos, la vida nos ofrece una rica paleta de experiencias que, al aprender a saborearla, nos abre puertas a mundos de sensaciones, emociones y reflexiones. Aquí te presento una diversidad de ejemplos, abarcando desde lo puramente sensorial hasta lo intelectual y sentimental:

1. **Bodegas de vino:** esta visita no solo implica degustar el vino, sino oler su bouquet, sentir la frescura de las cavas, escuchar las historias detrás de cada botella y observar el tono y la textura de cada variedad.

2. **Debates filosóficos:** sumergirse en una discusión profunda, cuestionando la naturaleza de la existencia o el sentido de la vida, activa la capacidad intelectual e invita a explorar territorios mentales no cartografiados.

3. **Conciertos en vivo:** el rugir de la multitud, la vibración de la música, el espectáculo visual del escenario, el sabor de una bebida refrescante y el aroma del ambiente se combinan para una experiencia completa.

4. **Recuerdos nostálgicos:** revisar álbumes de fotos antiguas, reviviendo momentos pasados, despierta emociones profundas y permite reflexionar sobre el paso del tiempo y los cambios de la vida.

5. **Exposiciones de arte:** más allá de observar, se trata de sentir la intención del artista, percibir la textura de un lienzo, dejarse envolver por el ambiente del recinto y reflexionar sobre el mensaje detrás de cada obra.

6. **Encuentros con amigos:** las risas compartidas, los abrazos sentidos, las conversaciones profundas y las anécdotas, crean un tapiz de conexiones emocionales y sentimentales.

7. **Jardinería:** el tacto de la tierra, el aroma de las flores, el sonido de la naturaleza, la visión del crecimiento y el sabor de un fruto cosechado, son recompensas inigualables.

8. **Lectura de poesía:** más allá de las palabras, la poesía nos invita a sentir emociones, visualizar escenarios, oír ritmos y sumergirnos en reflexiones profundas sobre el ser humano y el mundo.

9. **Viajes solitarios:** la sensación de descubrir un lugar por primera vez, las reflexiones internas durante un viaje solitario y las interacciones espontáneas con extraños, pueden ofrecer aprendizajes y experiencias enriquecedoras.

10. **Cenas a ciegas:** comer en total oscuridad potencia el gusto, el olfato y el tacto; permite saborear los alimentos de una manera completamente nueva y reflexionar sobre la importancia de cada uno de nuestros sentidos.

Estas experiencias nos recuerdan que la vida está llena de matices, y que al prestar atención y saborear cada uno de ellos, nos permitimos vivir con una profundidad y plenitud que van más allá de la simple rutina diaria.

DIVERSIÓN EN LA SEGUNDA MITAD DE LA VIDA: REDESCUBRIENDO EL PLACER

A medida que avanzamos en el viaje de la vida, nuestras formas de diversión pueden evolucionar, pero el deseo intrínseco de disfrutar y sentirnos vivos permanece constante. Aquí te presento maneras en las que las personas en la segunda mitad de la vida pueden encontrar diversión y gratificación:

1. **Viajes culturales:** explorar nuevos destinos, sumergirse en la historia y cultura de un lugar, y aprender de sus tradiciones puede ser una forma enriquecedora de diversión.

2. **Talleres y cursos:** ya sea para aprender una habilidad como la pintura, la fotografía o la cerámica, o profundizar en un interés específico; nunca es tarde para adquirir nuevos conocimientos.

3. **Club de lectura:** compartir opiniones y debatir sobre diferentes libros en compañía de otros entusiastas de la lectura, puede ser una experiencia gratificante.

4. **Baile social:** desde bailes de salón hasta clases de salsa, mover el cuerpo al ritmo de la música no solo es divertido, también es una excelente forma de mantenerse activo.

5. **Jardinería:** crear y cuidar un jardín, ya sea de flores, plantas o incluso un huerto, puede ser una actividad relajante y a la vez apasionante.

6. **Cine y teatro:** disfrutar de una buena película o una obra teatral es una forma clásica de entretenimiento que nunca pasa de moda.

7. **Voluntariado.** ayudar en la comunidad o en organizaciones benéficas, además de ser altruista, puede ser una fuente de satisfacción y diversión al conocer nuevas personas y trabajar en proyectos significativos.

8. **Deportes recreativos**: desde el golf, el tenis y hasta el senderismo. Practicar deportes adaptados a la condición física propia puede ser una magnífica manera de divertirse y mantenerse en forma.

9. **Eventos sociales y reuniones:** las fiestas temáticas, las reuniones familiares o simplemente pasar tiempo con amigos son ocasiones ideales para relajarse y disfrutar.

10. **Escritura y narración:** plasmar recuerdos, experiencias o historias ficticias en papel, o compartir anécdotas con generaciones más jóvenes, puede ser una forma creativa y gratificante de pasar el tiempo.

Estas formas de diversión no solo ofrecen entretenimiento, también oportunidades para el crecimiento personal, la conexión social y la exploración de nuevos horizontes. La segunda mitad de la vida es un periodo ideal para redefinir qué significa la diversión y cómo queremos disfrutar de cada momento.

Imagina una taza de té caliente. Es una tarde fría, y el vapor sube desde la superficie en delicadas volutas, jugando con la luz que entra por la ventana. En el fondo de la taza, las hojas de té se han desplegado, liberando su esencia y su sabor en el agua. Cada sorbo es una experiencia: la calidez del líquido, el aroma que se desprende, el sabor que se intensifica en el paladar.

Pero la taza de té es más que solo una bebida. Es un reflejo de la vida misma. Al igual que el té, la vida está llena de matices y sabores, de instantes que nos calientan el alma y de recuerdos que despiertan los sentidos. Cada experiencia, cada persona que conocemos, cada desafío que enfrentamos, es una hoja de té que se despliega y enriquece nuestra existencia.

No siempre podemos controlar lo que la vida nos trae. Igualmente, no tenemos el control sobre el tipo de té que se nos sirve. Lo que sí podemos es decidir cómo saboreamos ese té; elegir disfrutarlo, valorarlo y aprender de él. Podemos decidir si nos quedamos con el amargor de una experiencia desagradable, o buscar la dulzura de lo inesperado.

La próxima vez que te encuentres ante una taza de té, tómate un instante para degustarla. Saborea cada sorbo, y recuerda que al igual que esa taza de té, la vida es una serie de momentos que, cuando se saborean plenamente, se convierten en un regalo precioso. Al final del día, lo que realmente importa no es cuántas tazas de té hemos bebido, sino cómo elegimos saborear cada una.

La vida es como una taza de té: no se trata de encontrar la taza perfecta, sino de aprender a disfrutar lo que contiene.

TERCER PILAR: ACTIVA LAS ENERGÍAS DEL AMOR Y LA SEXUALIDAD

Cuando pienso en el amor y la sexualidad en la madurez, recuerdo una anécdota que un amigo cercano compartió conmigo hace algunos años. Alfonso, arquitecto retirado, había celebrado recientemente su 55° aniversario de bodas. Durante una cena, mientras observaba a su esposa desde el otro lado de la mesa, me susurró: "Sabes, al principio nuestra relación era como un río caudaloso, apasionado y a veces impredecible, pero con el tiempo, se ha transformado en un lago sereno, profundo y lleno de secretos. No menos apasionado, pero sí con un ímpetu diferente". Esta reflexión es el corazón del ecosistema del amor y la sexualidad en la madurez.

El amor, como cualquier otro aspecto de la vida, sufre una metamorfosis a medida que avanzamos en nuestro viaje vital. En la juventud, es común que esté lleno de intensidad, de un ardor que quema rápidamente, a menudo impulsado por la curiosidad y el descubrimiento. Pero al pasar de los años este fuego se transforma; no se apaga, sino que arde con una calidez constante, sostenida y profunda.

La madurez nos otorga la sabiduría de entender que el amor no es solo una serie de altos y bajos emocionales, sino un compromiso continuo de crecimiento, aprendizaje y reinvención mutua. Es un arte en el que aprendemos a equilibrar el deseo con el entendimiento, la pasión con la paciencia.

LA SEXUALIDAD EN LA SEGUNDA MITAD DE LA VIDA

La sociedad nos presenta una imagen estereotipada de la sexualidad en la madurez, sugiriendo que la pasión disminuye o se desvanece con la edad. Sin embargo, esto está lejos de ser una verdad universal. Si bien es cierto que las dinámicas físicas pueden cambiar, la intimidad, el deseo y la conexión no tienen por qué desaparecer.

La madurez ofrece la oportunidad de redefinir lo que significa la sexualidad para cada uno de nosotros. Es un tiempo para redescubrir el cuerpo, para apreciarlo con sus cambios, para explorar nuevas formas de placer y para comunicar deseos y necesidades con una claridad que solo los años pueden brindar.

Debemos ver la edad madura como una etapa de reinvención y redescubrimiento, cuando el amor y la sexualidad, lejos de desvanecerse, se transforman en algo más profundo, significativo y enriquecedor; como sumergirse en un lago sereno y profundo, donde cada rincón guarda un secreto esperando ser descubierto.

Cuando hablamos del amor y la sexualidad, podemos cometer el error de visualizarlos como dos fuerzas separadas que ocasionalmente se cruzan. Sin embargo, en su esencia, son dos caras de la misma moneda, dos corrientes de energía que se entrelazan y potencian mutuamente, creando una danza etérea y poderosa que fluye a lo largo de nuestras vidas.

Imaginemos por un momento la marea. Las olas, impulsadas por la energía del mar, alcanzan la orilla, mientras que el océano sostiene y alimenta esas olas. La sexualidad, en este contexto, es esa ola, ese impulso que da vitalidad a una relación. El amor, por su lado, es el océano que proporciona el fundamento sobre el que la ola puede bailar.

La unión de amor y sexualidad va más allá de lo físico. Es una confluencia de mente, cuerpo y alma. Representa una comunicación sin palabras, una conexión que trasciende lo tangible y se adentra en el reino de lo espiritual. Es un recordatorio de nuestra humanidad, de nuestra capacidad de sentir y conectarnos en niveles profundos y significativos.

El psicólogo Carl Jung mencionó una vez: "Donde el amor rige, no hay deseo de poder; y donde el poder predomina, falta el amor. Uno es la sombra del otro". Es una reflexión poderosa sobre cómo el amor y la sexualidad, cuando se equilibran y armonizan, crean una sinergia donde uno amplifica al otro, llevando la relación a alturas inimaginables.

Al embarcarnos en este viaje de explorar la energía del amor y la sexualidad como un ente unificado, nos abrimos a nuevas dimensiones de comprensión y experiencia. Nos permitimos redescubrirnos a nosotros mismos y al otro, no solo como seres individuales, sino como un todo, una unión que es más grande que la suma de sus partes. Es una celebración de nuestra esencia, una reverencia a la magia que ocurre cuando el amor y la sexualidad danzan juntos en perfecta armonía.

Como podemos ver, el amor y la sexualidad son dos fuerzas intrínsecas del ser humano y danzan juntas en el escenario de la vida, entrelazando sus energías. Sin embargo, aunque su sinergia es innegable, cada una posee su propia esencia y matices que merecen ser explorados con detenimiento. Como las patas que sostienen una mesa o las bases de una edificación, ambos son fundamentales y complementarios, pero distintos en su naturaleza y manifestación.

Para adentrarnos profundamente en su comprensión, debemos separar transitoriamente estos conceptos y examinarlos con la lente del detalle. Hablaremos primero de las energías del amor, para luego enfocarnos en la sexualidad durante la madurez de la vida.

HABLEMOS DEL AMOR: UN RELATO DE DOS ÉPOCAS

En una vieja librería de una icónica ciudad, una pareja de turistas mayores encontró una serie de cartas manuscritas entre las páginas de un libro olvidado. Eran correspondencias de amor entre dos almas durante la Primera Guerra Mundial. Su lenguaje era poético, sus expresiones apasionadas, y reflejaban la urgencia y el deseo de dos jóvenes enamorados separados por las circunstancias. La pareja, con más de treinta años de matrimonio, sintió una conexión especial con esas cartas, al recordar sus propios inicios, aquellos días de juventud y de primeros enamoramientos.

Inspirados por aquel descubrimiento, decidieron escribirse cartas el uno al otro, aunque vivieran bajo el mismo techo. Lo que comenzó como un juego evolucionó en una hermosa tradición para compartir pensamientos, deseos y recuerdos. Esas cartas, escritas desde la perspectiva de dos almas en la segunda mitad de la vida, reflejaban un amor diferente: maduro, profundo, sólido. El amor que habían construido juntos a lo largo de los años.

El amor es una fuerza que no entiende de edades, pero sí de evolución. El mismo amor que en la juventud se vive con pasión, en la madurez se convierte en una fuerza tranquila, aunque no menos poderosa. Nos brinda una intimidad que va más allá de lo físico, tocando las profundidades de nuestra alma.

Quizás hayas visto: "Bajo el sol de la Toscana", una película donde la protagonista, una mujer en la segunda mitad de su vida, descubre que el amor y la pasión no tienen fecha de caducidad. No importa cuántos años hayan pasado, el corazón nunca deja de anhelar, de sentir, de amar.

Te invito a ser como esa pareja en la librería, y a estar en disposición de redescubrir y redefinir el amor en todas sus manifestaciones, porque el amor no es solo una emoción, es un viaje, una historia que escribimos día a día, carta a carta, momento a momento; es un viaje que merece ser celebrado, especialmente como una experiencia que enriquece la segunda mitad de la vida.

Rumi, fue un poeta, jurista y teólogo persa del siglo XIII cuyas palabras han trascendido culturas, religiones y generaciones. Sus reflexiones sobre el amor son particularmente profundas y atemporales, y una de sus afirmaciones más célebres es: "El amor es la llama que enciende la lámpara de la vida".

Esta afirmación, rica en metáforas, es una invitación a reconocer el poder y la esencia del amor como fuerza vital. La "llama" simboliza el ardor, la pasión y la intensidad del amor. Es lo que nos da energía, lo que impulsa nuestras acciones y enciende nuestra alma. Sin esta llama, la lámpara que representa nuestra vida permanecería apagada, desprovista de luz y calor.

El amor, en esta interpretación, no es una emoción pasajera o un sentimiento efímero. Es la esencia que alimenta nuestra existencia, que da luminosidad a nuestros días y que nos permite ver con claridad, incluso en los instantes más oscuros. Es esa chispa divina que cuando es reconocida y cultivada tiene el poder de iluminar toda nuestra vida, dándole sentido y propósito.

EL AMOR MÁS ALLÁ DE LA JUVENTUD

En el mundo occidental estamos acostumbrados a asociar el amor, especialmente el amor romántico, con la juventud. Imágenes de jóvenes enamorados inundan los medios de comunicación, y a menudo se nos presenta una narrativa que sugiere que la pasión y la intimidad son exclusivas de los años mozos. Sin embargo, Rumi nos invita a ver más allá de esa perspectiva limitada.

El amor, en su esencia más pura, no conoce de edades ni de barreras temporales. Se transforma, evoluciona y madura, pero nunca desaparece. En la segunda mitad de la vida, el amor trasciende la mera atracción física y se convierte en una unión de almas, en un entendimiento profundo, en una conexión que va más allá de las palabras.

Rumi, con su sabiduría eterna, nos recuerda que el amor es una constante en el viaje humano, una llama que no solo ilumina la juventud, sino que tiene el poder de brillar intensamente en todas las etapas de la vida. Es un llamado a reconocer y celebrar el amor en todas sus formas, y a comprender que, incluso en la madurez, puede ser la fuerza más potente y transformadora que hallamos experimentado.

CULTIVAR RELACIONES DE AMOR EN LA SEGUNDA MITAD DE LA VIDA

Cultivar relaciones íntimas y profundas en la segunda mitad de la vida no solo es posible, sino esencial. La segunda mitad de la vida nos brinda una perspectiva única para redefinir y profundizar nuestras relaciones, recordándonos que el amor y la amistad lejos de desvanecerse, pueden florecer con una intensidad y riqueza sin precedentes.

Importancia de la vulnerabilidad y la autenticidad

Brené Brown, renombrada investigadora y autora, afirma que la vulnerabilidad es el núcleo de todas las emociones y sentimientos auténticos; sin vulnerabilidad no hay amor, pertenencia ni alegría. En la segunda mitad de la vida, donde las máscaras y pretensiones han sido dejadas de lado, la vulnerabilidad emerge como un puente hacia la autenticidad, permitiéndonos conectarnos con otros de manera genuina.

Si miramos retrospectivamente, descubriremos que las relaciones más significativas de nuestras vidas se han basado en esos momentos de desnudez emocional, cuando las imperfecciones se mostraron sin temor y fueron recibidas con comprensión.

Con el pasar de los años, las relaciones pueden caer en la rutina, pero como escribía el poeta Octavio Paz: "el amor es una reinvención constante". Esta segunda mitad de la vida brinda una oportunidad dorada para redescubrir a nuestro ser amado, no ya como el joven que conocimos, sino como el compendio de experiencias, sabidurías y cicatrices que ahora es.

Es el tiempo de formular nuevas preguntas, de escuchar viejas historias con nuevos oídos, de reconectar en profundidad. La invitación es a redescubrir nuestras relaciones para compartir recuerdos olvidados, sueños no revelados y esperanzas futuras.

La poetisa Maya Angelou una vez afirmó: "La gente olvidará lo que dijiste, olvidará lo que hiciste, pero nunca olvidará cómo la hiciste sentir". En la madurez, las relaciones trascienden lo superficial y se centran en la esencia de proporcionar apoyo mutuo y fortaleza emocional. Y es que en esta etapa el amor se puede destilar en su forma más pura y transformarse en un apoyo inquebrantable, generando una fortaleza emocional que resiste las tempestades.

El amor, en todas sus formas, juega un papel central en la experiencia humana. Desde un punto de vista psicológico, actúa como un pegamento emocional, fortaleciendo vínculos y ayudándonos a superar adversidades. Por siglos la literatura ha reflejado sus facetas, sus alegrías y sus dolores, y la filosofía ha buscado desentrañar su esencia y su papel en nuestra existencia. A medida que avanzamos en la vida, este sentimiento no se estanca; al contrario, tiene la capacidad de evolucionar, madurar y adaptarse a las distintas etapas que enfrentamos.

La segunda mitad de nuestra vida nos presenta un escenario único para redescubrir y redefinir el amor, basándonos en la sabiduría y experiencias acumuladas. Como expresó Víctor Hugo: "La vida es una flor, y el amor es su miel". En esa línea, a medida que nuestros días se suceden, es crucial que busquemos la miel en cada momento, que alimentemos ese amor y lo dejemos florecer, dándole el lugar central que merece en nuestras vidas.

El río que fluye, simboliza la adaptabilidad y el fluir continuo de la vida, enfrentando obstáculos con gracia.

El río que fluye, con su curso incesante e impredecible, es una metáfora vívida del arte de vivir en la edad madura. Nos recuerda que, al igual que el agua supera obstáculos y adapta su camino, nosotros también tenemos la capacidad de navegar por la vida con una adaptabilidad y una gracia que sólo vienen con la experiencia y el conocimiento de sí mismo. En la edad madura, este fluir simboliza una profunda aceptación de la vida y de todos sus cambios, sabiendo que cada revuelta del río trae consigo nuevas oportunidades para el crecimiento y la reflexión. La sabiduría adquirida a lo largo de los años nos permite ver los desafíos no como barreras, sino como partes esenciales de nuestro viaje, y nos dice que sigamos adelante con confianza y paz. Este río, en su constante movimiento, nos invita a reconocer y celebrar nuestra propia capacidad para fluir a través de la vida, adaptándonos, aprendiendo y creciendo, sin importar las vueltas que tome el camino. Se hace presente para recordarnos que el arte de vivir con plenitud se cultiva abrazando cada momento y cada cambio con un corazón abierto y un espíritu resiliente.

CAPÍTULO 9

HABLEMOS DE LA SEXUALIDAD

Luego de hablar sobre el amor me referiré a la sexualidad. Durante un viaje a una pequeña ciudad en la costa norte de mi país tuve el honor de conocer a Madeleine, una mujer de unos 80 años con una vitalidad y chispa en sus ojos que desmentían su edad. En un atardecer de vinos y risas compartió una anécdota que quedó grabada en mi memoria: "Fui educada para creer que la pasión y el deseo eran territorios exclusivos de los jóvenes. Pero aquí estoy, en mi octava década, todavía descubriendo y redescubriendo el poder de la sexualidad". Esta revelación, tan sencilla y directa, encapsula un sentimiento que nuestra sociedad a menudo ignora o, peor aún, reprime: que la sexualidad es una fuerza poderosa y vital que no se desvanece con la edad, sino que simplemente evoluciona.

Anais Nin, una autora que jamás tuvo reparos en explorar los rincones más íntimos y complejos de la sexualidad femenina, escribió: "La sexualidad es todo lo que uno toca con la mente: la creatividad, la filosofía, la crítica, la historia y el ensueño". A través de sus palabras nos recuerda que la sexualidad no es solo un acto físico; es una interacción profunda, rica y continuamente en evolución con nosotros mismos y con el mundo que nos rodea.

La película: "El cuaderno de Maya", basada en una novela de Isabel Allende, recrea la historia de una mujer que, tras años de rebelión y autodescubrimiento, se encuentra con una versión más madura y segura de sí misma. A través de sus experiencias, se vislumbra que la pasión y el deseo no son exclusivos de la juventud, sino que maduran y se transforman, adquiriendo nuevas dimensiones y matices con el tiempo.

Es importante descubrir que la segunda mitad de la vida es un periodo que, lejos de ser el ocaso de nuestro ser sexual, puede ser un renacer, un reencuentro con una dimensión de nosotros mismos que sigue siendo esencial, poderosa y profundamente conectada con nuestra esencia humana.

LA SEXUALIDAD MÁS ALLÁ DE LA JUVENTUD: MITOS, TABÚES Y MALINTERPRETACIONES

Era el 50º aniversario de casados de Héctor y Estela, y la familia se había reunido para celebrar esta importante fecha.

Sus nietos curiosos les preguntaron cuál era el secreto de su relación. Héctor, con una sonrisa traviesa, respondió: "Nunca dejamos de coquetearnos". Estela, con un guiño cómplice, añadió: "Y nunca dejamos de descubrirnos". La sala se llenó de risas nerviosas e incluso de algún rubor en las mejillas de los más jóvenes. La simple mención de una pareja de edad avanzada manteniendo una vida íntima activa parecía sorprender, e incluso chocar, a algunos de los presentes.

Esta reacción es un reflejo de los múltiples mitos y tabúes que rodean la sexualidad en la madurez. Se espera que las personas de edad avanzada sean sabias, experimentadas, pero también asexuadas. La noción de que el deseo y la pasión decaen o desaparecen con la edad está profundamente arraigada en nuestra cultura.

George Bernard Shaw, con su inconfundible agudeza, una vez dijo: *"La juventud se desperdicia en los jóvenes"*. Esta cita, aunque se puede interpretar de muchas maneras, nos invita a reflexionar sobre cómo la sabiduría y experiencia que se adquieren con los años pueden enriquecer todos los aspectos de la vida, incluida la sexualidad. Lejos de desvanecerse, la sexualidad puede volverse más profunda, matizada y gratificante.

Lamentablemente la sociedad malinterpreta la sexualidad madura. Las representaciones mediáticas muestran, en su mayoría, relaciones íntimas protagonizadas por jóvenes, relegando la sexualidad en la madurez a chistes, bromas o, en el peor de los casos, al olvido. Esta visión estrecha y limitante no solo despoja a las personas mayores de su derecho a una sexualidad plena, sino que también refuerza estereotipos dañinos.

La verdad es que la sexualidad en la segunda mitad de la vida es tan importante como en cualquier otra etapa. Los cuerpos cambian, pero también las perspectivas y las emociones. Las caricias pueden tener más peso; los gestos, más significado y el entendimiento mutuo ser más profundo. Es necesario desafiar y desmantelar los mitos, preconceptos, y explorar cómo seguir disfrutando de la sexualidad, porque, como afirmó la novelista Mary Renault: "La verdad desnuda es siempre mejor que la mejor vestida mentira". Es hora de que la verdad sobre la sexualidad madura salga a la luz.

Mitos y tabúes sobre la sexualidad en la madurez

La sexualidad en la segunda mitad de la vida está rodeada de mitos y tabúes que reflejan una perspectiva limitada y errónea. Estas creencias, arraigadas en la cultura y la sociedad, han conformado una visión sesgada que necesita ser revisada y desafiada. A continuación expondré algunos de los mitos más predominantes acompañados de frases comunes que los perpetúan. También ofreceré una perspectiva ampliada que permita entender y revalorizar la riqueza de la experiencia sexual en la edad madura.

1. **El deseo sexual desaparece con la edad:** frase común*: "A tu edad, ¿todavía piensas en esas cosas?".* Las hormonas y la biología cambian con el tiempo, pero eso no significa que el deseo desaparezca. Puede transformarse, adaptarse y, en muchos casos, intensificarse con una comprensión más profunda de uno mismo y de la pareja.

2. **La función sexual se deteriora inevitablemente con la edad:** frase común: *"¿Aún puedes...? ¡Qué sorpresa!".* Si bien es cierto que surgen desafíos físicos, muchos pueden abordarse y superarse. Además, la intimidad no se limita únicamente a la función sexual.

3. **Las personas mayores no deberían estar interesadas en el sexo:** frase común: *"Deberías actuar de acuerdo a tu edad".* Este mito se basa en la idea errónea de que la sexualidad es exclusiva de la juventud. La sexualidad es un aspecto inherente al ser humano en todas sus etapas de vida.

4. **Solo las personas jóvenes son atractivas:** frase común: *"Eres demasiado viejo para vestirte así".* La belleza y el atractivo no tienen fecha de caducidad. La madurez trae consigo una belleza distinta, marcada por las experiencias vividas y la sabiduría adquirida.

5. **La sexualidad madura es monótona o aburrida:** frase común: *"¿Todavía hacen 'eso'? Pensé que ya lo habían superado".* La experiencia y el conocimiento

acumulado pueden enriquecer la vida íntima, llevándola a niveles de comprensión y placer que no siempre se experimentan en la juventud.

6. **Las personas mayores no pueden tener relaciones nuevas o empezar de cero:** frase común: *"¿Un nuevo amor? ¡Pero si ya pasó ese tiempo!"*. El corazón no tiene edad. Las personas pueden encontrar el amor y la pasión en cualquier etapa de la vida.

7. **La salud o las condiciones médicas impiden la intimidad en la madurez:** frase común: *"Con tus problemas de salud, mejor ni lo intentes"*. Aunque ciertas condiciones médicas presentan desafíos, hay muchas formas de adaptarse y encontrar maneras de mantener una vida íntima satisfactoria.

Estos mitos y frases no solo perpetúan malentendidos sobre la sexualidad en la madurez, también contribuyen a una visión estigmatizada y reduccionista. Desafiándolos y entendiendo la verdad detrás de ellos, podemos adoptar una perspectiva más saludable y enriquecedora sobre la sexualidad en todas las etapas de la vida.

LAS GAFAS DISTORSIONADAS DE LA SOCIEDAD: INTERPRETANDO EQUIVOCADAMENTE LA SEXUALIDAD MADURA

Vivimos en una época que a primera vista parece celebrar la diversidad, la inclusión y la liberación de antiguos tabúes. La retórica actual proclama una mentalidad abierta y revolucionaria en cuanto a la sexualidad, y parece que estamos más dispuestos que nunca a aceptar y valorar las múltiples facetas de la experiencia humana. Sin embargo, esta supuesta apertura choca frontalmente con una realidad subyacente: la persistente distorsión y, en muchos casos, la invisibilización de la sexualidad en la madurez.

A pesar de los discursos progresistas, es evidente que, ya sea en la publicidad, en la pantalla grande, en la televisión o incluso en las charlas diarias, persiste una idea subyacente: el deseo y la pasión son territorios exclusivos de la juventud. Esta incongruencia entre lo que se dice y lo que realmente se cree es un reflejo de las "gafas distorsionadas" con las que la sociedad observa la sexualidad madura. Es tiempo de analizar y cuestionar estas percepciones para ofrecer una visión más realista y enriquecedora.

1. **En la publicidad:** las campañas publicitarias raramente muestran a personas mayores como símbolo de belleza o sensualidad, relegándolas a productos que reflejan fragilidad o carencia: una marca de ropa interior lanza una campaña publicitaria con modelos

jóvenes y esbeltos; al lado, un anuncio de pañales para adultos. Mensaje: *"Sensualidad y juventud son lo mismo"*.

2. **En el cine y la televisión:** los medios masivos suelen representar la pasión como exclusiva de la juventud, mientras que las personas mayores son retratadas como asexuadas o cómicas: una película romántica donde los protagonistas jóvenes tienen escenas íntimas apasionadas, mientras el personaje mayor solo habla de sus achaques y dolencias. Mensaje: *"Las historias de amor son solo para jóvenes"*.

3. **En la sociedad:** los comentarios y juicios pueden provenir de familiares, amigos o incluso desconocidos que asocian la sexualidad y el romance con una determinada etapa de la vida: en una fiesta familiar, la tía Ana, de 60 años, menciona que tiene una nueva pareja y que están planeando un viaje romántico. Mensaje: **"¡Ay, tía! ¿No crees que estás un poco grande para esas cosas?"**.

4. **En las conversaciones cotidianas:** las pláticas casuales con frecuencia reflejan prejuicios arraigados sobre lo que se considera "apropiado" para ciertas edades: dos amigas jóvenes comentan sobre su vecino de 70 años que recientemente se ha divorciado y ha empezado a salir con alguien nuevo. Mensaje: *"¿A su edad y todavía busca romance? Debería estar tranquilo en casa"*.

5. **En la cultura popular:** el humor cuando se basa en estereotipos puede perpetuar nociones dañinas y ridiculizar a las personas mayores que disfrutan de su sexualidad: un meme en redes sociales muestra a una pareja mayor besándose con el título*: "¡Cuidado! ¡Que no se les rompa la cadera!". Mensaje: "El romance en la vejez es algo para reírse".*

Estas malas interpretaciones no son inocentes. Tras ellas hay una intención, a veces inconsciente, de mantener a las personas mayores en un espacio predeterminado de comportamientos "aceptables". Ridiculizar, avergonzar o simplemente ignorar la sexualidad madura refuerza la idea de que hay una "edad de caducidad" para el deseo y la pasión. Es crucial reconocer y desafiar estos estereotipos, permitiendo que cada individuo viva su sexualidad libremente en todas las etapas de la vida, sin limitaciones ni prejuicios.

LA ENERGÍA SEXUAL: MUCHO MÁS QUE UN ACTO FÍSICO

La energía sexual, en ocasiones malinterpretada y reducida al simple acto físico, es una fuerza vital que va más allá del encuentro íntimo entre dos personas. Es una energía que impulsa, que motiva y que conecta, estando presente desde el principio hasta el final de nuestra vida.

Mientras el acto sexual se refiere a la interacción física entre individuos, la energía sexual es la fuerza subyacente, la chispa que nos motiva no solo en el ámbito erótico, sino en muchos otros aspectos de nuestra existencia. Es esa energía que nos lleva a crear, a conectar, a perseguir objetivos y a sentir pasión por la vida.

La energía sexual generalmente está relacionada con la necesidad de procrear y asegurar la supervivencia de la especie. Pero si nos alejamos de esta mirada reductiva, encontramos que muchas tradiciones espirituales y filosóficas ven la energía sexual como la esencia misma de la vida. En la tradición taoísta, por ejemplo, se cree que conservarla y cultivarla puede conducir a una vida más larga y saludable. En el tantra, la energía sexual es vista como una puerta a la iluminación espiritual.

En la historia, podemos ver en Cleopatra no solo la seductora de grandes líderes, sino la mujer que supo canalizar su energía sexual para consolidar su poder y liderazgo. En la novela: "El amante de Lady Chatterley" de D.H. Lawrence, la protagonista, Constance, encuentra en su relación prohibida una forma de reconectar con su energía vital en un mundo reprimido y mecanizado.

Frida Kahlo, considerada una de las artistas más icónicas del siglo XX, canalizó su energía sexual a través de su arte, utilizando su dolor físico y emocional para crear obras maestras. A pesar de sus múltiples operaciones y el dolor constante, su energía vital y pasión por la vida es evidente en sus pinturas vibrantes y emocionales. Ella es un ejemplo de cómo la energía sexual no se limita al ámbito erótico, sino que puede ser una fuerza motriz para la creatividad y la expresión.

La energía sexual, como fuerza vital, es una herramienta poderosa para la autoexploración, la creatividad y el bienestar general. Es esencial que reconozcamos y honremos esta energía, no solo en nuestra juventud, sino a lo largo de toda nuestra vida.

Un viaje hacia lo sagrado: reconecta las energías del amor y la sexualidad

"El amor es una llave maestra que abre las puertas de la felicidad", esta reflexión de Oliver Wendell Holmes[1] nos recuerda que el amor es una puerta hacia algo más grande, más allá de la simple atracción o conexión entre dos personas. Si extendemos esta idea, podemos comprender que la sexualidad, entrelazada con el amor, es también una puerta que nos conduce hacia una experiencia trascendental de conexión y realización.

A medida que avanzamos en la vida parece que la sociedad nos invita a decantarnos: o buscamos el placer y el deseo, o nos sumergimos en la espiritualidad y la introspección. Pero, ¿por qué esta separación? ¿Por qué no combinar la sabiduría adquirida con la capacidad innata de amar y desear? El teólogo Pierre Teilhard de Chardin afirmó: "No somos seres humanos viviendo una experiencia espiritual; somos seres

---

1   Oliver Wendell Holmes, Sr. (Cambridge, Massachusetts; 29 de agosto de 1809–Boston, 7 de octubre de 1894) fue un médico de profesión, que ganó fama como escritor y se convirtió en uno de los poetas estadounidenses más reconocidos del siglo xix

espirituales viviendo una experiencia humana". En esa experiencia humana, la sexualidad y el amor son intrínsecos y lejos de excluir lo espiritual, lo realzan.

La clave está en la intención. Si nos acercamos a la sexualidad con la intención de no solo buscar placer, sino también conexión; si vemos el amor no solo como el fuego del romance, sino también como la luz de la comprensión profunda; y si abordamos la espiritualidad no como algo separado de nuestra existencia diaria, sino como arraigada en cada respiración, en cada encuentro; entonces comenzamos a reconocer la divinidad en nosotros mismos, en nuestra sexualidad y en el amor.

Rumi, el poeta sufí, escribió: "El amor es el puente entre tú y todo". Esta declaración es un recordatorio de que el amor y, por extensión la sexualidad, son puentes hacia lo divino, lo profundo y el gozo auténtico. En el acto de amar y ser amado, tocamos lo sagrado. Con la madurez llega la oportunidad única de entrelazar y armonizar estas energías. Ya no es necesario elegir entre una y otra, sino que podemos integrarlas en un baile sagrado de autodescubrimiento y conexión.

REFLEXIÓN FINAL: CONECTA EL AMOR Y LA SEXUALIDAD

En las historias antiguas y tradiciones místicas hallamos una constante: la unión del amor, la sexualidad y lo divino. Estas narraciones no son meras coincidencias; reflejan una verdad universal sobre la naturaleza entrelazada de tales aspectos. Al sumergirnos en ellos, no solo experimentamos la alegría y el éxtasis del presente, también tocamos lo atemporal, algo que trasciende generaciones y culturas.

El psicólogo Carl Jung habló de la "coniunctio", o unión mística, como el matrimonio sagrado entre opuestos, el lugar donde lo masculino y lo femenino, lo terrenal y lo divino, se encuentran en un abrazo eterno. Esta idea se extiende más allá de la mera unión física; es una alusión a la capacidad de nuestra psique para integrar y celebrar todas sus facetas.

En otras palabras, una invitación a unir el amor y la sexualidad con nuestra espiritualidad inherente. Por ello, no permitas que las convenciones y preconcepciones te limiten o te hagan creer que debes elegir un camino sobre otro; como decía Anais Nin: "No vemos las cosas como son, las vemos como somos".

Este viaje no se hace en soledad. Es una travesía que se comparte, que se vive y que se celebra con otros. Es un recorrido que requiere valentía, vulnerabilidad y, sobre todo, autenticidad. Así que te invito, una vez más, a redescubrir el amor y la sexualidad desde una perspectiva madura y a celebrar la espiritualidad que reside en cada uno de nosotros. Como expresó Khalil Gibran: "El trabajo del amor está hecho para unir a todos los corazones en un solo corazón".

Exploremos estas dimensiones, incorporémoslas, cultivémoslas y celebremos su presencia en nuestras vidas. No se trata de un viaje que termina, sino de uno que se transforma y se despliega cada nuevo amanecer.

Cada día en la segunda mitad de la vida escribe una página en el libro de nuestra sabidur′a, compartiendo historias de resiliencia, amor y aprendizaje.

En el símbolo del libro abierto encontramos una resonancia con el arte de vivir en la edad madura. No es solo una representación de la acumulación de conocimiento, sino también de la generosidad de compartir esa sabiduría con el mundo. Cada página vuelta simboliza una lección aprendida, una experiencia vivida y una historia para contar. Este símbolo ha venido a invitarnos a mantenernos curiosos y abiertos, recordándonos que el aprendizaje y el crecimiento son posibles a cualquier edad y enriquecen nuestra vida y la de los demás. En la edad madura, el libro abierto se convierte en un puente hacia el entendimiento mutuo, un lazo que une generaciones a través del intercambio de ideas y perspectivas. Al hacerlo celebramos no solo el conocimiento adquirido a lo largo de los años, sino también la belleza de seguir descubriendo nuevos horizontes, demostrando que la vida, en todas sus fases, está llena de historias por descubrir y lecciones por aprender.

CAPÍTULO 10

BIENVIVIR: UNA FILOSOFÍA PARA UNA VIDA EQUILIBRADA Y PLENA

Carta de Frida Kahlo a Diego Rivera, 1951

"*Diego, mi amor, mientras el tiempo avanza, descubro nuevas formas de ver el mundo. Los años me han enseñado que no solo es vivir, sino vivir bien. Y "vivir bien" no significa acumular, sino encontrar significado, pasión y amor en cada pequeño momento, en cada pincelada, en cada encuentro. Es en esta segunda mitad de la vida cuando he comprendido realmente lo que significa el "bienvivir". Te escribo esto, no solo como un recordatorio de nuestra pasión, sino como una reflexión sobre lo que viene después de la juventud*".

Esta carta, establece una base sólida y emocionante para adentrarse en el tema del "bienvivir" en la segunda mitad de la vida. Nos recuerda la importancia de abrazar cada momento, de estar abierto a nuevas perspectivas y de la riqueza que viene con la experiencia y la sabiduría.

El "bienvivir" en la segunda mitad de la vida no es simplemente una continuación de lo que ha sido, sino una reinvención y reevaluación de lo que puede ser. La edad madura ofrece una pausa reflexiva, un espacio sagrado donde la velocidad frenética de la juventud debería ceder el paso a la contemplación y la apreciación. Es una época cuando muchos comienzan a preguntarse no cuánto tiempo les queda, sino cómo quieren pasar ese tiempo.

Los ajetreos y las presiones de la juventud, y la búsqueda constante de éxito y reconocimiento, deben dar paso a una búsqueda de significado y propósito. La vida ya no se mide por los logros acumulados, sino por los momentos vividos con autenticidad, las relaciones nutridas con profundidad y la huella que dejamos en el mundo.

La perspectiva cambia. Las heridas del pasado no se deben ver como cicatrices, sino como marcas de sabiduría que enseñan lecciones de vida. Las pequeñas cosas adquieren una importancia monumental: una conversación significativa, el calor de un abrazo, el simple acto de escuchar y ser escuchado.

El "bienvivir" es una danza entre aceptar lo que ha sido y

abrazar lo que vendrá. Es un equilibrio entre honrar el pasado y permanecer abierto al futuro, reconociendo que cada día es un regalo y una oportunidad para agregar valor mientras caminamos por la vida.

En la segunda mitad de la vida el "bienvivir" es una invitación a vivir con intención, a amar con profundidad, y a reconocer que, en el gran esquema de la existencia, lo que realmente importa es cómo hemos tocado las vidas de quienes están a nuestro alrededor.

El "bienvivir", conocido también como "Sumak Kawsay" en quechua y "Suma Qamaña" en aymara, es una cosmovisión ancestral de los pueblos indígenas de América del Sur, especialmente de la región andina. Esta filosofía se ha convertido en un pilar fundamental en la discusión sobre desarrollo sostenible, derechos indígenas y justicia social. Pero para el caso que nos ocupa, lo propongo como un estilo de vida que enriquece al instalarse a partir de los 50 años.

Más que un simple concepto, el "bienvivir" es una forma de vida que busca la armonía entre los seres humanos y la naturaleza. No se trata de acumulación de bienes materiales, sino de vivir en equilibrio y respeto por el entorno, priorizando la colectividad sobre el individualismo.

Aunque sus raíces son ancestrales, el "Bienvivir" no es una utopía lejana, sino una filosofía tangible, aplicable y relevante en el mundo moderno. Nos invita a repensar la forma en que vivimos, consumimos y nos relacionamos. Nos desafía a redefinir el éxito, a reconectar con la naturaleza y a vivir de forma armoniosa. Adoptar esta filosofía puede ser el camino hacia una longevidad inspiradora e interesante.

PRINCIPIOS DE EL "BIENVIVIR" EN LA SEGUNDA MITAD DE LA VIDA

Una declaración de principios es un conjunto de valores, creencias y normas que guían la conducta y decisiones de una persona, grupo u organización. Su importancia radica en ofrecer una base sólida y coherente para tomar decisiones y actuar de manera consistente, además de servir como referencia para evaluar el propio comportamiento y el de otros.

Tener un código de principios en la segunda mitad de la vida nos proporciona un marco de referencia claro que guía nuestras acciones, facilita la toma de decisiones y nos proporciona un sentido de propósito y dirección.

DECLARACIÓN DE PRINCIPIOS PARA EL "BIENVIVIR" EN LA SEGUNDA MITAD DE LA VIDA:

1. **Aceptación:** abraza el paso del tiempo como una oportunidad para adquirir sabiduría y experiencia, no como una pérdida.

2. **Aprendizaje continuo:** nunca dejes de aprender. La curiosidad y el deseo de conocer son fuente de juventud y vitalidad.

3. **Reconexión:** aprovecha esta etapa para reconectar con tus pasiones, sueños y con lo que realmente importa en tu vida.

4. **Salud y bienestar:** prioriza tu salud física y mental, cuida de tu cuerpo y de tu mente, son tus herramientas más valiosas.

5. **Relaciones:** cultiva relaciones significativas, ya sea fortaleciendo las existentes o creando nuevas conexiones.

6. **Resiliencia:** aprende a adaptarte y a superar adversidades, reconociendo que la vida sigue presentando desafíos, pero con la experiencia adquirida estás más preparado que nunca.

7. **Presente:** vive el aquí y el ahora, disfruta cada día y no te pierdas en los "qué hubiera pasado si".

8. **Autenticidad:** sé fiel a ti mismo, actúa con integridad y honestidad en cada decisión y relación.

9. **Empatía:** práctica la capacidad de ponerse en el lugar del otro, comprendiendo sus sentimientos y perspectivas, y utilizando esa comprensión para guiar tus acciones.

10. **Legado consciente:** reflexiona sobre cómo quieres ser recordado y qué impacto positivo deseas dejar en el mundo y en la vida de los demás.

11. **Respeto por la vida:** valora y respeta todas las formas de vida, desde el ser humano hasta el más pequeño de los organismos.

12. **Priorización:** establece claramente tus valores y prioridades, y organiza tu vida en torno a lo que realmente importa.

13. **Decisiones conscientes:** enfrenta cada elección con plena conciencia de sus implicaciones y consecuencias, buscando actuar siempre con integridad y coherencia.

Estos principios buscan crear una guía holística para quienes están en la segunda mitad de la vida, llamándolos a reconocer no solo la importancia del bienestar individual, sino el papel que cada uno juega en la comunidad más amplia y el mundo natural.

Los principios del "Bienvivir" generan postulados que, adaptados a la vida después de los 50, brindan un camino para quienes desean vivir una longevidad con intencionalidad y propósito.

1. **Armonía con el paso del tiempo:** aceptar y abrazar el envejecimiento como parte natural de la vida, encontrando belleza y sabiduría en cada etapa.

2. **Valorización de las relaciones duraderas:** priorizar las conexiones profundas y duraderas por encima de las relaciones superficiales. Reconocer el valor de las amistades y relaciones familiares que han resistido el paso del tiempo.

3. **Experiencias en lugar de posesiones:** buscar la riqueza en experiencias, recuerdos y legados en lugar de acumular bienes. Celebrar las vivencias, más que los objetos.

4. **Transmisión de sabiduría:** en la reciprocidad de dar y recibir, compartir las lecciones aprendidas a lo largo de la vida con las generaciones más jóvenes.

5. **Diversidad de vivencias:** aceptar y valorar las diferentes trayectorias y experiencias de vida que se encuentran en esta etapa. Cada historia tiene su valor.

6. **Planificación del legado:** pensar en el impacto y legado que se dejará para las futuras generaciones, ya sea en sabiduría, valores o acciones concretas.

7. **Conexión con la trascendencia:** reflexionar sobre la espiritualidad y el significado más profundo de la vida, buscando paz y propósito.

8. **Respeto por la memoria:** honrar y preservar las tradiciones, historias y conocimientos del pasado, reconociendo su valor en el presente.

9. **Revaluación del "éxito"**: redefinir lo que significa el éxito en esta etapa, alejándose de las métricas materiales y enfocándose en el bienestar, la paz interna y las contribuciones significativas.

10. **Integralidad de la experiencia humana:** reconocer que todas las etapas de la vida están interconectadas y valorar la segunda mitad de la vida no como un declive, sino como una continuación rica y valiosa del viaje humano.

Estos postulados pueden servir como guía para los que buscan una vida más plena, trascendente y conectada durante la segunda mitad de su existencia.

Enseguida te presentaré ejemplos poderosos de personas reales que han aplicado principios y creencias positivas para alcanzar el éxito y la felicidad. Cada uno irá acompañado de una frase expresada por su protagonista. Tales historias nos inspiran a aplicar estos principios en nuestra propia vida y desatar nuestro potencial. ¡Empecemos!

Autovaloración y autoestima: Lourdes, a sus 70 años, decide unirse a un club de baile comunitario. A pesar de los comentarios de algunos conocidos sobre su edad, se presenta con confianza y elegancia en cada práctica y presentación.

Frase: ***"Bailo porque me recuerda que mi valor no disminuye con la edad. Cada paso que doy es un recordatorio de mi valía y mi capacidad para brillar".***

Bienestar físico y mental: Ramón, a los 65 años, comienza a asistir a clases de yoga y a comer más saludable, a pesar de no haberlo hecho antes en su vida.

Frase: ***"Cuido mi cuerpo y mi mente porque son mi templo. Nunca es tarde para comenzar a vivir de forma saludable".***

Planificación financiera y seguridad: Carlos Alfredo, a los 60 años, asiste a talleres sobre gestión de finanzas personales y planifica su jubilación.

Frase: **"Quiero asegurarme de que los próximos años estén llenos de tranquilidad y disfrute, sin preocupaciones financieras".**

Legado y trascendencia: Fátima, a los 75 años, escribe y publica un libro sobre su vida, con lecciones y experiencias para las futuras generaciones.

Frase: **"Escribo para que mi historia y mis lecciones perduren. Es mi forma de dejar una huella en el mundo".**

Educación y aprendizaje continuo: Naomi, a sus 78 años, aprende a usar nuevas tecnologías y redes sociales para mantenerse en contacto con su familia y amigos.

Frase: **"No quiero quedarme atrás. Aprender me permite estar conectada con mis seres queridos y con el mundo moderno".**

Aporte comunitario: Marino, a los 69 años, se convierte en voluntario en una organización local que ayuda a niños en situación de riesgo.

Frase: **"Mi tiempo es valioso, y qué mejor manera de usarlo que ayudando a quienes lo necesitan. Mi edad me da la paciencia y la sabiduría para marcar la diferencia".**

Interconexión con las personas y la naturaleza: Indhira, de 67 años, organiza excursiones para personas mayores, donde conectan con la naturaleza y practican la meditación.

Frase: **"En la naturaleza encontramos nuestra conexión más profunda con el universo y entre nosotros".**

Legado: Lizandro, a los 65 años, planta un huerto comunitario y enseña a niños y adultos el valor de cultivar su propia comida.

Frase: **"Este huerto es mi legado, una semilla para un futuro más verde y conectado".**

Respeto por la vida: Lila, a los 78 años, rescata animales abandonados y los ayuda a encontrar hogares amorosos.

Frase: **"Cada vida, sin importar cuán pequeña sea, merece amor y respeto. Es nuestra responsabilidad cuidar de quienes no pueden hacerlo por sí mismos".**

Establecer prioridades: Milán, a los 69 años, elige pasar más tiempo con su familia y en actividades significativas, dejando de lado distracciones y compromisos innecesarios.

Frase: **"El tiempo es precioso. Elijo enfocarme en lo que verdaderamente importa".**

Elecciones conscientes: Claritza, a los 66 años, decide volverse vegetariana y comprar productos éticamente producidos, consciente del impacto de sus elecciones.

Frase: **"Cada elección que hago es un voto por el tipo de mundo en el que quiero vivir".**

Conexión con el presente: Bernardo, de 72 años, aplica la atención plena en su vida diaria, desde cómo se comunica hasta las pequeñas decisiones cotidianas.

Frase: **"Vivir conscientemente me permite apreciar cada momento y tomar decisiones alineadas con mis valores".**

Estos casos reflejan cómo las personas en la segunda mitad de la vida pueden manifestar y vivir según diferentes principios, mostrando así que el potencial para crecer, contribuir y enriquecer nuestras vidas y las de otros, nunca desaparece.

EL PODER TRANSFORMADOR DE LAS FRASES

Las frases tienen el poder de influir en nuestra percepción y acción. Su poder radica en su capacidad de resonar en nuestro ser profundo y actuar como un espejo que refleja nuestros deseos, valores y aspiraciones internas. Sirven como recordatorios concisos y potentes de las verdades que queremos internalizar, funcionando como faros que guían nuestros pensamientos y comportamientos hacia objetivos más elevados.

Al repetir y reflexionar sobre ciertas frases inspiradoras, estas se arraigan en nuestra conciencia e influyen positivamente en nuestras decisiones y acciones diarias. A continuación te presento una lista de expresiones que capturan la esencia del "Bienvivir". Ellas reflejan el profundo respeto por la vida, la comunidad y la naturaleza.

1. "Vivir en armonía, no en dominio."

2. "La riqueza está en las relaciones, no en las posesiones."

3. "Nuestra verdadera huella es lo que dejamos en el corazón de los demás."

4. "Somos parte de la tierra, no sus dueños."

5. "El éxito no se mide en bienes, sino en bienestar."

6. "La naturaleza no es un recurso, es nuestra familia."

7. "Vivir plenamente es vivir en comunidad."

8. "La vida es un ciclo, no una línea ascendente."

9. "La sabiduría verdadera reside en reconocer nuestra interconexión."

10. "La vida no es acumulación, es experiencia y conexión."

11. "En la reciprocidad encontramos equilibrio."

12. "La diversidad es la riqueza de la vida."

13. "El tiempo bien vivido es el tiempo vivido con propósito."

14. "El legado más grande es el amor y el respeto por todo lo que nos rodea."

15. "En la sencillez encontramos la esencia del 'Bienvivir.'"

Las frases mantras son afirmaciones positivas y poderosas que se repiten de manera constante y consciente para programar la mente hacia el éxito, la abundancia y la felicidad. Cada una está diseñada de manera cuidadosa y estratégica para generar un impacto positivo en la psique y transformar patrones de pensamientos negativos en positivos.

Al repetir estos mantras regularmente estamos entrenando la mente para adoptar nuevas creencias potenciadoras. Si estás buscando una forma de programarte, las frases mantras son la herramienta perfecta para ello. A continuación te presento diez frases que actúan como anclas que nos recuerdan nuestras intenciones más elevadas, especialmente en momentos de duda o dificultad. ¡Empieza a utilizarlas y experimenta su poder transformador en tu vida!

1. *"Hoy elijo la serenidad sobre el estrés."*

2. *"Mi bienestar es una prioridad, no un lujo."*

3. *"Me conecto con la naturaleza para encontrar equilibrio."*

4. *"Cada acción que tomo está alineada con mi verdad interior."*

5. *"Valoro la simplicidad en todos los aspectos de mi vida."*

6. *"Mis elecciones reflejan el amor y el respeto que tengo por mí mismo y por el mundo."*

7. *"Acojo cada experiencia como una oportunidad de crecimiento."*

8. *"Mi esencia es el amor y la compasión."*

9. *"Encuentro belleza y propósito en las pequeñas cosas."*

10. *"El presente es mi foco; el pasado y el futuro son solo pensamientos."*

Al repetir estas frases conscientemente integramos su sabiduría a nuestra psique, y permitimos que su esencia influya en nuestras acciones y decisiones diarias.

Hábitos recomendados para el "Bienvivir"

Para mejorar nuestra calidad de vida es fundamental adoptar hábitos que nos impulsen hacia ese objetivo. Los hábitos son considerados como pequeñas acciones de nuestro día a día, que realizamos de manera automática y se vuelven parte de nuestra rutina diaria. Cuando orientan a mejorar algún aspecto de nuestra vida, tienen un poder transformador sorprendente.

El poder detrás de los hábitos radica en su capacidad de moldear la rutina, la forma de pensar y actuar de manera automática. Al convertirse en acciones recurrentes, los hábitos se vuelven parte de nuestra identidad y poco a poco influyen en la construcción de una vida más saludable, equilibrada y feliz.

Enseguida presentaré una lista de hábitos recomendados para quienes deseen adoptar los principios del "Bienvivir" en su vida cotidiana. Abarcan diferentes áreas, desde la salud física y mental hasta la búsqueda de autorrealización. Te invito a descubrir el poder transformador que reside en la adopción de estos hábitos.

1. **Desconexión digital:** dedica un tiempo diario a desconectarte de dispositivos electrónicos y reconectarte con el mundo real.

2. **Paseos en la naturaleza:** sal al aire libre regularmente para recargar energías y reconectar con el mundo natural.

3. **Lectura reflexiva:** dedica tiempo a la lectura que alimente tu alma y fomente la reflexión.

4. **Diario de gratitud:** anota diariamente las cosas por las que estás agradecido.

5. **Práctica de la generosidad:** haz un esfuerzo consciente para dar sin esperar nada a cambio, ya sea tiempo, recursos o simples actos de bondad.

6. **Escucha activa:** practica escuchar a los demás sin interrumpir o juzgar, ofreciendo tu atención plena.

7. **Aprendizaje continuo:** dedica tiempo a adquirir nuevos conocimientos y habilidades que enriquezcan tu vida.

8. **Alimentación consciente:** opta por alimentos nutritivos y sustentables y sé plenamente consciente de cada bocado a medida que lo ingieres.

9. **Reflexión nocturna:** antes de dormir, reflexiona sobre el día, reconociendo tus logros y áreas de mejora.

Estas herramientas te permitirán navegar por la vida con una brújula clara hacia lo que realmente importa. Al integrar estas frases, prácticas y hábitos en tu vida diaria, te estás orientando a vivir con más intención, propósito y bienestar. La clave está en la consistencia y la autenticidad con la que se adoptan y practican. Cuando se ejercitan con regularidad, pueden convertirse en hábitos poderosos que moldean el carácter y, en última instancia, nuestro destino.

El "Bienvivir" no es un destino, sino un viaje. No importa la edad, siempre es un buen momento para redescubrir lo que realmente importa y vivir en armonía con nosotros mismos, con los demás y con la Tierra. La segunda mitad de la vida puede ser el capítulo más emocionante si lo abordamos con la filosofía del "Bienvivir".

Imagen de guía, sabiduría y la luz que se proyecta para iluminar el camino de otros.

El faro, se erige como un símbolo de lo que podemos ofrecer en la etapa madura de nuestras vidas. A través de las pruebas y los éxitos, hemos acumulado un tesoro interno de conocimiento y percepción que, al igual que la luz que irradia en la oscuridad, tiene el poder de guiar a otros. Él nos dice que esta etapa de la vida nos brinda la oportunidad de iluminar el camino para las generaciones futuras, ofrecer consuelo en momentos de incertidumbre y aliento en momentos de duda, mostrando que incluso en los momentos más oscuros, hay un camino a seguir. Ha venido para invitarnos a ser faros humanos e iluminar los viajes de los demás con la sabiduría de los triunfos y fracasos.

CAPÍTULO 11

SEAMOS ATEMPORALES Y PERENNIALS

Cuenta la leyenda que en un pequeño pueblo al pie de una montaña existía un relojero muy sabio. Este relojero no vendía relojes ordinarios; creaba relojes que no marcaban las horas ni los minutos, sino momentos vividos. Cada vez que alguien del pueblo vivía un episodio de auténtica felicidad o aprendizaje, el reloj registraba ese instante.

Cierto día, un viajero llegó al pueblo y al escuchar sobre este relojero, quiso comprar uno de esos relojes especiales, al mirarlo, quedó desconcertado porque en lugar de números y manecillas solo había pequeñas estrellas brillantes que representaban experiencias significativas. El relojero al ver su desconcierto le dijo: "La vida no se mide en horas ni en años, sino en momentos que realmente importan".

La anécdota del relojero nos recuerda la trampa en la que muchos caen: medir la vida en función del tiempo cronológico. Dicho planteamiento se alinea con esta frase atribuida al célebre escritor estadounidense Henry Miller: "El objetivo de la vida es crecer, no envejecer". De igual manera, muchos pensadores a lo largo de la historia han reflexionado sobre la naturaleza temporal de nuestra existencia, y cómo esta percepción nos puede llevar a limitarnos. Por ejemplo, Jean-Jacques Rousseau, argumentaba que el hombre, en su estado más puro, no se definía por el tiempo, sino por sus acciones y su conexión con la naturaleza.

Generalmente vivimos atrapados en una estructura que nos condiciona a medirnos por años, meses y días. Pero al hacerlo, empobrecemos nuestro espíritu y limitamos nuestras experiencias. En este capítulo final propongo considerar dos conceptos que, si bien parecen distintos, están entrelazados: atemporal y perennial. Estos conceptos comparten ciertas similitudes, pero también tienen sus propias particularidades. Veamos lo que significa cada uno:

Atemporal. Es lo que no está vinculado ni afectado por el paso del tiempo. Es algo que permanece constante y relevante, independientemente de las modas, tendencias o el flujo natural del tiempo. Por ejemplo, ciertas obras literarias, piezas musicales o principios filosóficos pueden ser considerados atemporales porque su valor y relevancia no disminuyen con el tiempo. La atemporalidad nos habla de lo perdurable, es un llamado a reconocer y valorar las verdades que compartimos con generaciones pasadas y que legaremos a las futuras.

Perennial. Se refiere a la capacidad de renovarse, aprender y crecer constantemente. Un individuo perenne no se define por su edad o por un período específico de tiempo, sino por su mentalidad y actitud hacia la vida. Es desafiar la noción de que el crecimiento es dominio exclusivo de la juventud y reconocer que el cambio es la única constante.

Ambos conceptos, atemporal y perennial, se relacionan con la idea de trascender las limitaciones del tiempo. Ahora, mientras que lo atemporal se refiere a algo inmutable y constante, lo perennial se centra en la adaptabilidad y crecimiento continuo a lo largo del tiempo.

Ser "perennial" podría ser considerado una manifestación de la atemporalidad en el ámbito humano. Es decir, una persona que adopta una mentalidad perenne está, en esencia, viviendo de una manera que es atemporal, porque trasciende las expectativas y limitaciones asociadas con ciertas etapas de la vida. En este sentido, la atemporalidad podría ser vista como el marco más amplio que engloba la idea de ser perennial.

No es posible transitar la longevidad con un mapa detallado sobre qué pasos dar y cómo actuar en cada momento, pero sí podemos llevar una brújula que nos oriente hacia la comprensión de que la capacidad para crecer, aprender y ser relevante no tiene fecha de expiración. La invitación es a convertirnos en seres atemporales y perennials. Quien decida ser atemporal debe alimentarse de la filosofía perennial, que es la que permite vivir adaptándose y creciendo sin cesar.

En resumen, mientras la atemporalidad es una cualidad de algo que es inmutable a través del tiempo, ser perennial es cómo un individuo puede encarnar esa trascendencia del tiempo mediante el crecimiento y adaptación constantes.

A forma de colofón te invito a explorar la idea de vivir atemporalmente, de ser "perennial", y descubrir la riqueza que esta perspectiva puede aportar a nuestra existencia; porque, al final del día, no es la cantidad de años en nuestra vida lo que cuenta, sino la cantidad de vida en nuestros años.

DIFERENTES EXPRESIONES DE LA ATEMPORALIDAD

La atemporalidad se manifiesta de diversas formas en el mundo que nos rodea. Tanto en la naturaleza como en el arte y en la esencia del ser humano, podemos encontrar ejemplos de cómo lo atemporal se revela y nos conecta con una dimensión más allá de los confines temporales.

La naturaleza como maestra. La naturaleza no cuenta los días, vive en un constante estado de renovación y regeneración. Como maestra y guía nos muestra la atemporalidad en ríos y estrellas. Aunque las estrellas están ubicadas a distancias enormes de nosotros y su luz puede tomar años, décadas e incluso siglos en alcanzarnos, su existencia trasciende nuestro concepto de tiempo lineal.

La luz que nos llega en el presente es un viaje en el tiempo, una ventana hacia el pasado remoto. Cada estrella es un testigo de la inmensidad del universo y nos conecta con eras y épocas mucho antes de nuestra propia existencia. A pesar de la distancia y la magnitud de su duración, las estrellas nos recuerdan que su brillo sigue presente en cada instante.

También los ríos, al fluir constantemente sin importar las estaciones o el paso del tiempo, nos hablan. Su persistencia a lo largo de los siglos y milenios es un recordatorio poderoso de cómo trascienden nuestras nociones lineales del tiempo. En la vida de un río no hay una clara división entre el pasado, el presente y el futuro. Es un fluir perpetuo, una manifestación de la atemporalidad. Independientemente de las eras que haya visto, el río sigue siendo un símbolo de vida, de movimiento y de la continuidad de la naturaleza.

La trascendencia del arte. El arte, en su forma más pura, es atemporal. Pinturas, esculturas, música y otras formas artísticas pueden evocar emociones y transmitir mensajes que perduran a lo largo de los siglos.

Cuando observamos una pintura de Leonardo da Vinci o escuchamos una composición de Beethoven, no pensamos en cuántos años han pasado desde su creación; continúan captando la atención y el asombro de personas de diferentes épocas, culturas y contextos, creando un legado duradero que atraviesa las barreras del tiempo. Su valor radica en su capacidad de perdurar y seguir siendo resonantes y significativas, mostrando la premisa de que hay algo más profundo y perdurable en la esencia de estas creaciones artísticas.

Conexiones humanas. Las relaciones profundas y significativas también llevan el sello de atemporalidad. Piensa en un viejo amigo con el que no has hablado en años. Al reencontrarlo, es como si el tiempo no hubiera pasado. La risa, las historias, la conexión emocional, todo sigue intacto. En las relaciones humanas vemos como el amor y la amistad verdaderos se mantienen firmes pese al paso del tiempo, como una prueba de que las conexiones humanas genuinas no están sujetas a la erosión del tiempo.

Además, dentro de cada uno de nosotros encontramos que a medida que enfrentamos nuestra propia existencia, queremos conectar con algo que va más allá de la fugacidad del tiempo. En nuestro anhelo por dejar una huella buscamos formas de manifestar expresiones intemporales, ya sea en nuestras ideas, acciones o conexiones significativas con los demás.

Vivir de forma atemporal no es una tarea fácil en un mundo que constantemente nos recuerda nuestra mortalidad. Se trata de encontrar la eternidad en el ahora, de vivir cada momento como si fuera infinito y, al mismo tiempo, saber que es efímero, pero que es en esos momentos, en esos instantes fugaces, donde reside la vida.

EL VALOR DEL TIEMPO ES RELATIVO

Continuando con la anécdota anterior, tras su encuentro con el relojero, el viajero experimentó una epifanía: había pasado tantos años obsesionado con su edad, sus logros en comparación con otros, y las expectativas de lo que "debería" haber hecho para cada cumpleaños que llegaba, que mirando su nuevo reloj comprendió súbitamente que había estado encadenado a una noción artificial del tiempo, y que eso había limitado su capacidad para vivir plenamente.

El viajero comprendió que nuestras experiencias y aprendizajes no están sujetos a las restricciones temporales y que podemos alcanzar un estado de plenitud y liberación al trascender las limitaciones del tiempo.

En su teoría de la relatividad, Albert Einstein nos enseñó que el tiempo es relativo y que puede ser experimentado de diferentes maneras según las circunstancias. ¿Y si aplicáramos esta noción a nuestras vidas? ¿Qué sucedería si en lugar de medirnos por la cantidad de años vividos, lo hiciéramos por la profundidad y calidad de nuestras experiencias?

La sociedad suele etiquetarnos según nuestra edad: "demasiado joven para entender", "demasiado viejo para empezar algo nuevo"; pero estas son construcciones sociales que nos alejan de nuestra verdadera esencia.

Es hora de cuestionar nuestras creencias sobre el tiempo y de reconocer que al final lo que realmente importa son los instantes que llenan nuestro corazón y alimentan el espíritu.

Es necesario explorar cómo podemos liberarnos de las cadenas del tiempo y vivir con una mentalidad atemporal y perenne. Porque, como decía el relojero, la vida se mide en momentos que realmente importan.

La idea de ser "perennials" o "atemporales" va más allá de simplemente ignorar nuestra edad. Se trata de adoptar una mentalidad que no se limite por el tiempo cronológico. Es abrazar la curiosidad, la pasión y el aprendizaje continuo a cualquier edad; entender que nuestro crecimiento y desarrollo no se detienen simplemente porque hayamos alcanzado cierta cantidad de años.

La forma en que percibimos el tiempo en la segunda mitad de la vida puede experimentar cambios profundos durante esta fase. Veamos siete aspectos a considerar:

1. **La perspectiva del tiempo:** en la juventud, el tiempo se siente expansivo, como un horizonte interminable por delante. Al avanzar hacia la segunda mitad de la vida, se siente más finito y valioso. Esta realización puede aportar claridad sobre lo que realmente importa.

2. **Más profundidad que amplitud:** Carl Jung, el psiquiatra suizo, creía que en la primera mitad de la vida el objetivo es establecerse en el mundo: carrera, familia y roles sociales. La segunda mitad, se trata de mirar hacia adentro y buscar un entendimiento más profundo de quiénes somos y nuestro lugar en el universo.

3. **Las posibilidades y lamentaciones:** con la edad llega una comprensión más profunda de los caminos no tomados. Aunque pudiera haber lamentaciones, también hay un entendimiento de la naturaleza cíclica de la vida y de que cada final marca el inicio de un nuevo comienzo. Por eso dijo el poeta Robert Browning: *"¡Envejece conmigo! Lo mejor está por venir".*

4. **Aceptación y sabiduría:** el tiempo suele traer la aceptación de uno mismo con todo y defectos. Tal aceptación suele traer una sensación de paz. La sabiduría no se trata solo del conocimiento, sino de la comprensión. La segunda mitad de la vida puede ser un viaje hacia la adquisición de esa sabiduría.

5. **Legado y contribución:** se trata de dejar una marca, asegurar que la vida de uno ha tenido significado. Las reflexiones deben alejarse del logro individual y acercarse a qué se puede aportar, ya sea sabiduría, amor o contribuciones tangibles.

6. **La redefinición de posibilidades:** mientras que en la juventud se valora el vigor físico y la persecución de sueños, en la segunda mitad de la vida se redefinen esos sueños. Las posibilidades pueden cambiar de escalar la montaña más alta, a conectar con la alegría de disfrutar en la naturaleza; en lugar de buscar validación externa, priorizar el ser fiel a quién eres.

7. **La evolución espiritual:** a medida que las preocupaciones temporales disminuyen, muchos se vuelcan a la exploración espiritual, tratando de entender los misterios de la existencia y el más allá. La naturaleza efímera de la vida se vuelve más evidente y lleva a una búsqueda de lo trascendente.

En la literatura, el cine y el arte, la segunda mitad de la vida suele retratarse como un período de reflexión, comprensión e incluso rejuvenecimiento. Desde películas como: "The Bucket List", hasta obras literarias como: "Martes con mi viejo profesor" de Mitch Albom, se observan personajes lidiando con las sutilezas del envejecimiento y la búsqueda de significado.

En esencia, la segunda mitad de la vida ofrece la oportunidad de trascender las limitaciones de lo temporal y sumergirse profundamente en el océano de la existencia. Es una invitación a evolucionar, a percibir las posibilidades, no como una disminución, sino como un desplazamiento hacia una comprensión más profunda de la vida.

En los entramados de la sociedad moderna hemos desarrollado una obsesión con la cuantificación. Medimos el éxito en números y la riqueza en cifras. ¿Qué pasa cuando dejamos que los números dicten la calidad y el propósito de nuestra existencia? Al hacerlo, caemos en una trampa: la de medir la vida por años.

Imagina un reloj de arena, cada grano representa un día, una experiencia, un recuerdo. Si solo nos enfocamos en la cantidad de granos que quedan o cuántos han pasado, perdemos la oportunidad de valorar la belleza y singularidad de cada uno de ellos. Al adherirnos a la temporalidad, limitamos nuestra percepción del valor y riqueza de la vida a una métrica finita. Esta obsesión con el tiempo puede llevar a un empobrecimiento del espíritu, donde la urgencia de aprovechar cada segundo puede eclipsar la profundidad y plenitud de cada momento vivido.

Preguntémonos qué pasaría si pudiéramos liberarnos de las cadenas del tiempo y abrazar una existencia atemporal, especialmente en la segunda mitad de la vida. Ser atemporal no significa ignorar el paso del tiempo, sino vivir de una manera que trascienda su dominio. Implica una liberación de las expectativas basadas en la edad, permitiendo que el espíritu florezca sin restricciones. El legado ya no se definiría por cuánto tiempo hemos estado aquí, sino por cómo hemos enriquecido el tejido del mundo con nuestra presencia. Te invito a que en esta segunda mitad de la vida te deshagas de las limitaciones autoimpuestas por la temporalidad.

LA FILOSOFÍA ATEMPORAL

La atemporalidad no es un concepto nuevo, aunque quizás no esté tan presente en nuestro léxico cotidiano. Su raíz se encuentra en antiguas tradiciones y filosofías que comprendían la vida de manera cíclica y no lineal. Desde las enseñanzas budistas sobre la naturaleza impermanente de la existencia, hasta las tradiciones indígenas que ven el tiempo como un flujo continuo, la idea de vivir más allá de las restricciones del tiempo ha sido una constante en la historia humana.

La filosofía atemporal sostiene que, aunque vivimos en un mundo regido por el tiempo lineal, nuestra esencia trasciende estas limitaciones. Es la creencia de que nuestra identidad y propósito no están atados a un reloj, sino que son fluidos, que estamos evolucionando y transformándonos constantemente. Adoptar una perspectiva atemporal puede tener estos tres beneficios principales:

Resiliencia: al entender que la vida es un flujo constante, somos más capaces de navegar los altibajos con gracia y aceptación.

Presencia: al no estar atados al pasado o preocupados por el futuro, podemos vivir el presente con mayor plenitud.

Perspectiva: nos permite ver más allá de los desafíos inmediatos y reconocer las lecciones y oportunidades que estos presentan.

La idea de vivir sin definirse por la edad o seguir una filosofía atemporal y "perenne" (perennial) ha sido adoptada por muchas personas a lo largo del tiempo. Esta perspectiva aboga por vivir el presente, no permitir que la edad dicte las decisiones y tener una mentalidad abierta y curiosa, independientemente de cuántos años se tengan. Aquí hay algunos ejemplos de personas reales y las frases o mantras que representan esta filosofía.

Iris Apfel:

Frase: **"No sé qué significa actuar según tu edad. Actúa según te sientas".** Iris es un ícono de la moda que tiene una reconocida carrera en el mundo del diseño de interiores. A pesar de tener más de 90 años, sigue siendo una figura relevante en la moda, demostrando que la pasión y el estilo no tienen edad.

Morgan Freeman:

Frase: **"No quiero trabajar para vivir, quiero vivir para trabajar".** Aunque comenzó su carrera en la actuación a una edad avanzada, es uno de los actores más reconocidos y respetados. Su mantra refleja su pasión por la actuación y su deseo de seguir trabajando y aprendiendo.

Tao Porchon-Lynch:

Frase: **"No pongas límites a tu vida, puedes hacer cualquier cosa".** Tao fue una maestra de yoga que enseñó hasta los 101 años. Su filosofía de vida estaba centrada en la idea de que no hay límites para lo que uno puede hacer, independientemente de la edad.

Anna Mary Robertson Moses:

Frase: **"Si no tuviera que trabajar, me aburriría".** Conocida como Granma Moses, comenzó su carrera artística a los 78 años y se convirtió en una de las artistas folk más famosas de América.

Harriette Thompson:

Frase: **"Nunca es demasiado tarde para intentarlo".** Se convirtió en la mujer más vieja en completar un maratón a la edad de 92 años. Su determinación y perseverancia son una prueba viviente de que la edad no debería ser una barrera para alcanzar nuestros sueños.

Norman Lear:

Frase: **"La vida es un acto constante de reinventarse".** Este renombrado productor de televisión, aun a sus 90 años, sigue produciendo y trabajando en nuevos proyectos. Cree firmemente en la idea de evolucionar y adaptarse independientemente de la edad.

Carmen Herrera:

Frase: **"La edad no tiene nada que ver con la creatividad"**. Artista cubana-americana que recibió reconocimiento en el mundo del arte cuando tenía más de 90 años. A pesar de los desafíos, nunca dejó de pintar y crear.

Sister Madonna Buder:

Frase: **"Actúa para sentirte joven, no al revés"**. Conocida como la "Iron Nun", comenzó a correr triatlones a los 52 años y ha competido en más de 340 de ellos, incluyendo el Ironman World Championship a la edad de 82 años.

Estas personas desafían las nociones convencionales sobre el envejecimiento. Son ejemplos vivientes de cómo la edad es solo un número y no debería limitar nuestras aspiraciones, pasiones o curiosidad. La clave es tener una mentalidad abierta, estar dispuesto a aprender y no dejar que la sociedad dicte lo que es o no es "apropiado" para nuestra edad.

Imaginemos la vida como un río caudaloso. Cuando el agua fluye libremente, se mueve con gracia, poder y propósito, adaptándose y nutriendo todo lo que encuentra en su camino, pero si intentamos controlar ese flujo, construyendo represas y canalizaciones, el agua puede estancarse, perder su vitalidad y con el tiempo, convertirse en un charco turbio. Así ocurre con nuestro espíritu cuando lo medimos y lo restringimos a la temporalidad: se estanca.

Henri Bergson, filósofo francés, abogaba por la idea de la "duración", sugiriendo que la verdadera naturaleza del tiempo no es lineal, sino un flujo continuo de experiencias y conciencia. Él decía: "Para existir es necesario renovarse". Cuando nos aferramos demasiado a la idea del tiempo cronológico, corremos el riesgo de no renovarnos, de quedarnos atrapados en patrones pasados, temores futuros y expectativas que nos imponemos a nosotros mismos.

Kahlil Gibran en su poema: "Sobre el Tiempo", escribió: "No podéis medir el tiempo, así como no podéis atrapar el aire con una red ni tomar el calor del sol en vuestras manos". Cuando intentamos medir nuestra vida en años, meses o días, dejamos de lado lo intangible, lo eterno y lo verdaderamente significativo.

El apego a la temporalidad también nos hace más susceptibles a la comparación social. Pensamos: "A esta edad, debería tener un trabajo estable", "A los 30 debería estar casado", "A los 50 debería estar retirado". Estas estructuras autoimpuestas pueden llevar a un sentimiento de inadecuación o ansiedad. Como dijo Shakespeare: "No somos de un tiempo, sino de toda una eternidad".

En esencia, adherirnos estrictamente a la temporalidad es limitar el espíritu. Es restringir la capacidad de maravillarse, aprender y crecer. Es dejar de ver la vida como una aventura sin fin y empezar a verla como una serie de plazos y fechas límite. Así que, al igual que el agua de un río, permitamos que nuestro espíritu fluya libremente, sin restricciones, y descubramos la verdadera esencia de la vida más allá de las agujas de un reloj.

Nuestra sociedad tiende a segmentar a las personas por generaciones: Baby Boomers, Generación X, Millennials, Gen Z, y así sucesivamente; pero, ¿qué sucede cuando quitamos esas etiquetas y en lugar de enfocarnos en las diferencias, buscamos los puntos de conexión? Aquí es donde la atemporalidad entra en juego, sirviendo como puente entre generaciones.

Cuando nos comunicamos desde una perspectiva atemporal, escuchamos las ideas y sentimientos de los demás sin el filtro del prejuicio generacional. Esta perspectiva nos permite ver a la persona detrás de la "etiqueta generacional" y valorar su experiencia, sabiduría y perspectiva única. Un joven puede ofrecer una visión fresca e innovadora, mientras que una persona mayor comparte su sabiduría acumulada a lo largo de los años. Ambas perspectivas son valiosas y enriquecedoras.

Lamentablemente vivimos en una sociedad donde los prejuicios relacionados con la edad están profundamente arraigados. Los jóvenes muchas veces son vistos como "inexpertos" o "desconectados de la realidad", mientras que las personas mayores pueden ser etiquetadas como "fuera de onda" o "demasiado establecidas en sus formas". La atemporalidad nos invita a cuestionar y romper estos estereotipos.

Cuando adoptamos una mentalidad atemporal, reconocemos que cada individuo es un cúmulo de experiencias, aprendizajes y visiones, independientemente de su edad. Al hacerlo, abrimos puertas a conversaciones más significativas, colaboraciones fructíferas y una comprensión más profunda entre generaciones.

Para fomentar relaciones intergeneracionales saludables y productivas, debemos comenzar por nosotros mismos. Algunos pasos prácticos incluyen:

1. **Escucha activa:** dedicar tiempo a escuchar realmente a personas de diferentes generaciones. Puede ser tan simple como tener una charla con un colega más joven o compartir un café con alguien mayor.

2. **Educación continua:** buscar oportunidades para aprender sobre las experiencias y perspectivas de otras generaciones; puede ser a través de libros, películas, seminarios web o talleres.

3. **Colaboración:** fomentar proyectos y actividades que requieran la colaboración de múltiples generaciones. Esta acción no solo promueve la comprensión mutua, sino que también lleva a soluciones más innovadoras y completas.

La atemporalidad no es solo una perspectiva sobre el tiempo, sino una filosofía de vida que nos permite construir puentes, no barreras, con aquellos que nos rodean. Al adoptar esta perspectiva, podemos enriquecer nuestras relaciones, romper prejuicios y trabajar juntos hacia un futuro más inclusivo y colaborativo.

LA VENTAJA DE UNA PERSPECTIVA ATEMPORAL EN LA COMUNICACIÓN CON OTRAS GENERACIONES

La perspectiva atemporal trasciende las barreras de la edad y enfatiza la humanidad compartida, la conexión genuina y genera numerosas ventajas:

Aprendizaje mutuo: una de las principales ventajas es el intercambio de conocimientos. Los más jóvenes pueden introducir a los mayores en las tendencias actuales, tecnología y perspectivas contemporáneas. Al mismo tiempo, los mayores pueden compartir su sabiduría acumulada, experiencias y habilidades que han desarrollado a lo largo de los años.

Desmantelamiento de estereotipos: este intercambio permite que los jóvenes puedan descubrir que las personas mayores son más abiertas y adaptativas de lo que pensaban, mientras que los mayores pueden sorprenderse de la profundidad y madurez de los más jóvenes.

Sentido de pertenencia: las conexiones intergeneracionales pueden brindar la oportunidad de que los mayores se sientan valorados y respetados, y que los jóvenes se beneficien de su guía y apoyo.

Fomentar la mentalidad atemporal: al interactuar con alguien de una generación diferente, las personas se dan cuenta de que tienen más en común de lo que inicialmente pensaban, lo que refuerza la idea de atemporalidad. Estas relaciones son un recordatorio constante de que la edad es solo un número.

Crecimiento personal: al exponerse a diferentes perspectivas y experiencias, las partes involucradas en una relación intergeneracional experimentan un crecimiento personal significativo.

Resiliencia comunitaria: las familias y sociedades que fomentan la interacción intergeneracional tienden a ser más resilientes. Las generaciones pueden trabajar juntas para enfrentar desafíos, aprovechando la energía de los jóvenes y la sabiduría de los mayores.

Preservación y evolución de la cultura: mientras que los mayores transmiten tradiciones y valores, los jóvenes aportan innovación y evolución, así se garantiza que la cultura se mantenga viva y relevante.

Fortalecimiento de lazos familiares: en el ámbito familiar, las relaciones intergeneracionales fortalecen los lazos entre abuelos, padres e hijos, creando una red de apoyo sólida.

Las relaciones intergeneracionales son una encarnación práctica de la filosofía atemporal. Al trascender las barreras de la edad y conectarse en niveles más profundos, las personas pueden experimentar la verdadera esencia de la humanidad: conexiones significativas basadas en el entendimiento mutuo, el respeto y el amor. Como dijo el poeta Khalil Gibran: "Las generaciones del pasado son una continuidad con las del presente, tal como las del presente serán una continuidad con las del futuro".

CONEXIONES INTERGENERACIONALES

Las conexiones intergeneracionales han florecido en numerosos contextos, desde el ámbito familiar hasta el profesional y el comunitario. Estos vínculos, cuando se nutren, pueden ofrecer invaluables lecciones y experiencias compartidas. Aquí hay algunos ejemplos.

Ruth y Julia:

Ruth, una mujer de 82 años, y Julia, una joven de 23, se conocieron en un programa comunitario donde jóvenes enseñan a personas mayores a usar la tecnología.

Comentario de Ruth: "Julia me mostró que la tecnología no es algo a lo que deba temer. A cambio, le compartí historias de mi juventud. Es como tener una nueva amiga y nieta en una sola persona".

Comentario de Julia: "Ruth me enseñó que nunca es tarde para aprender. Sus anécdotas y sabiduría me han dado una nueva perspectiva sobre la vida".

Marko y Leo:

Marko, un ejecutivo de 55 años, y Leo, un recién graduado de 21 años, trabajan en la misma empresa. Leo fue asignado como el mentor de Marko en un programa de inversión de roles.

Comentario de Marko: "Leo me ha introducido a nuevas formas de pensar y trabajar. A pesar de nuestra diferencia de edad, he aprendido mucho de él".

Comentario de Leo: "Fue un honor ser el mentor de alguien con tanta experiencia. Me hizo darme cuenta de que todos, sin importar la edad, tenemos **algo que aportar**".

Isabella y Eva:

Isabella, de 28 años, decidió grabar las historias de su abuela Eva, de 90 años, para conservar sus recuerdos familiares.

Comentario de Isabella: "Las historias de mi abuela me conectaron con mis raíces. A través de ella, pude conocer a generaciones pasadas de nuestra familia".

Comentario de Eva: "Isabella me hizo revivir momentos que había olvidado. Me sentí valorada y apreciada por mi nieta".

Javier y Oliver:

Javier, un chico de 16 años, y Oliver, un hombre de 70, se unieron en un club de lectura local.

> Comentario de Javier: "Oliver tiene una forma única de interpretar los libros. Sus experiencias y perspectivas me han hecho ver las historias de una manera completamente diferente".
>
> Comentario de Oliver: "Javier me recuerda a mí mismo cuando era joven. Su entusiasmo y frescura me han revitalizado y me han hecho amar aún más la lectura".

Estos ejemplos demuestran que, a pesar de las diferencias generacionales, las personas pueden encontrar puntos en común, aprender unas de otras y desarrollar relaciones significativas. Las conexiones intergeneracionales no solo enriquecen nuestras vidas, también refuerzan el tejido social y nos recuerdan la importancia de la unidad y el entendimiento mutuo.

Ahora, quiero acentuar y profundizar un poco más sobre la esencia de ser perennial. El término "perennials" proviene del latín "perennis", que significa "a lo largo de los años" o "permanente". En botánica se utiliza para describir plantas que florecen año tras año. Sin embargo, en el contexto sociocultural fue popularizado por Gina Pell, una emprendedora y creadora de contenido, quien lo utilizó para describir a las personas que, independientemente de su edad biológica, tienen una mentalidad abierta, son curiosas, evolucionan con el tiempo y están en constante crecimiento.

Ser un perennial es tener la idea de que siempre podemos aprender, adaptarnos y crecer, sin importar cuántos años tengamos. Los perennials no se definen por la década en que nacieron, sino por su pasión, energía, valores y deseos de vivir una vida plena y significativa.

Esta perspectiva nos libera de las limitaciones autoimpuestas y de los estereotipos de la sociedad sobre lo que es apropiado o posible a cierta edad. La mentalidad perenne se centra en la curiosidad y la adaptabilidad. Es la creencia de que nunca es tarde para empezar algo nuevo, aprender una habilidad o cambiar de opinión.

La mentalidad perenne desafía no solo las normas de edad, también las expectativas culturales y sociales que solemos asociar con determinadas fases de la vida. Los perennials pueden ser profesionales que cambian de carrera a mitad de camino, adultos que deciden volver a la universidad, o incluso aquellos que descubren nuevas pasiones en la jubilación. Sus acciones significan mucho más que mantenerse activos o curiosos.

BENEFICIOS DE SER PERENNIAL

Adaptabilidad: en un mundo en constante cambio, la capacidad de adaptarse es esencial. Los perennials tienen la habilidad de enfrentar los cambios con una actitud abierta.

Redes diversificadas: al mantenerse activos y curiosos, los perennials suelen tener redes sociales y profesionales más diversificadas, abarcando diferentes grupos de edad y experiencias.

Bienestar mental: la mentalidad de crecimiento y aprendizaje continuo puede ser beneficiosa para la salud mental, ya que fomenta la resiliencia y la positividad.

DESAFÍOS DE SER PERENNIAL

Aunque ser perennial tiene muchos beneficios, también puede presentar desafíos. La sociedad aún mantiene prejuicios sobre lo que se "debería" o "no debería" hacer a cierta edad. Algunos pueden ver a los perennials como individuos que se niegan a "envejecer adecuadamente". Sin embargo, estos desafíos sirven para fortalecer la determinación de ser auténticos y vivir sin dejar que las expectativas de la sociedad determinen lo que es "apropiado" para nuestra edad.

Vivimos en un mundo donde nuestras acciones, grandes o pequeñas, pueden tener un impacto significativo en las vidas de quienes nos rodean. Ser un ejemplo no significa ser perfecto, sino vivir auténticamente y con propósito, inspirando a otros a hacer lo mismo. Una de las formas más poderosas de ser un ejemplo es adoptando una mentalidad atemporal y perenne.

En un mundo en constante cambio, donde las tendencias y las normas sociales evolucionan rápidamente, la idea de vivir de manera atemporal y perenne adquiere un significado especial. Esta forma de vida no solo representa un enfoque filosófico, también un camino hacia un bienestar duradero y relevante.

A continuación veremos algunos ejemplos de cómo adoptar una mentalidad atemporal y perenne puede influir positivamente no solo en nuestras vidas, aportando claridad, propósito y una perspectiva enriquecedora, sino también en la vida de los demás.

Lorena: a sus 60 años decidió volver a la universidad para obtener su licenciatura en artes. A pesar de ser la estudiante de mayor edad en su clase, su pasión y dedicación inspiraron a sus compañeros más jóvenes a no dar por sentado su educación.

Comentario de Carla, hija de Lorena: *"Ver a mamá volver a la universidad a sus 60 años me enseñó que nunca es tarde para seguir tus sueños. Su determinación me inspiró a retomar mis estudios y perseguir mi pasión por la música. Si ella pudo, ¿por qué yo no?"*

Comentario de Diego, nieto de Lorena: *"Mi abuela siempre dice que el aprendizaje no tiene edad. Gracias a ella, entiendo que siempre puedo evolucionar y crecer, sin importar las circunstancias".*

Miguel: A los 53 años, dejó su carrera en finanzas para seguir su verdadera pasión: enseñar yoga. Su historia muestra que nunca es demasiado tarde para seguir tu corazón, incluso si eso significa tomar un camino menos convencional.

Comentario de Rosario, esposa de Miguel:
"Al principio me preocupaba que Miguel dejara su trabajo estable en finanzas, pero al verlo tan feliz y realizado, además de productivo, enseñando yoga, me di cuenta de lo importante que es seguir nuestro corazón. Su valentía me animó a abrir mi propia pastelería, algo que había soñado durante años".

Comentario de Javier, hermano de Miguel:
"Miguel siempre fue el 'práctico' de la familia. Verlo hacer un cambio tan drástico y exitoso en su vida me ha mostrado que nunca es tarde para reinventarse".

Camelia: después de una vida dedicada a la medicina, a los 70 años comenzó a escribir poesía, demostrando que la creatividad no tiene fecha de caducidad. Sus poemas, llenos de sabiduría y experiencias de vida, han inspirado a personas de todas las edades a expresarse.

Comentario de Esteban, hijo de Camelia: *"Nunca imaginé que mi madre, después de tantos años dedicados a la medicina, descubriría una pasión por la poesía. Sus palabras me han enseñado a buscar belleza y significado en los momentos más simples. Gracias a ella, he empezado a escribir mis propios pensamientos y reflexiones".*

Comentario Valeria, nieta de Camelia: *"Cada vez que leo un poema de mi abuela, me siento conectada con ella de una manera especial. Su valentía para empezar algo nuevo en esta etapa de su vida me anima a explorar diferentes pasatiempos y pasiones sin temor al qué dirán".*

Andrés: Aunque creció en una época donde la tecnología no era predominante, a los 45 años fundó una startup tecnológica que se centra en soluciones para el envejecimiento saludable, fusionando generaciones y tecnología.

Comentario de Patricia, esposa de Andrés: *"Cuando Andrés me habló de su idea de iniciar una startup tecnológica centrada en el envejecimiento saludable, me sorprendió; pero al ver su determinación y pasión, me di cuenta de que siempre es posible reinventarse. Su aventura me inspiró a retomar mis estudios en diseño y ahora colaboro con él en su proyecto".*

Comentario de Raúl, amigo de la infancia de Andrés: *"Siempre conocí a Andrés como el amigo tecnológico, pero nunca imaginé que fusionaría esa pasión con un propósito tan noble. Su ejemplo me ha motivado a buscar maneras de usar mis propias habilidades para hacer una diferencia en el mundo".*

Sara y Diego: Tras la partida de sus hijos y agotados de la rutina laboral, decidieron reinventar su vida. Dejaron sus trabajos de horario fijo y se aventuraron al trabajo remoto, lo que les permitió viajar y vivir en diferentes lugares del mundo. Esta valiente decisión les brindó la libertad de explorar y trabajar desde cualquier rincón del planeta, cumpliendo así con sus sueños de aventura y flexibilidad, y demostrando que es posible un equilibrio entre ser productivos y vivir plenamente.

Comentario del hijo de Sara y Diego: *"Ver a mis padres reinventarse y vivir sus sueños ha sido una lección increíble. Me enseñaron que nunca es tarde para cambiar tu vida y buscar la felicidad".*

Comentario de hermana de Sara: *"Al principio me preocupaba que Sara y Diego estuvieran tomando un riesgo demasiado grande. Pero ahora veo lo felices que son y me inspiran a no tener miedo de perseguir lo que realmente quiero".*

Comentario de amigo de Diego: *"Diego siempre fue alguien que siguió las reglas. Verlo romper con la norma y triunfar ha cambiado mi percepción sobre lo que es posible en la vida".*

La filosofía perenne no es solo una teoría abstracta, sino un modo de vida que se extiende a través de generaciones, culturas y épocas. Al adoptar un enfoque atemporal, tanto jóvenes como mayores pueden encontrar un sentido de continuidad, propósito y "bienvivir" en un mundo en constante cambio. Como dijo Mahatma Gandhi: "No hay nada nuevo bajo el sol, pero hay muchas viejas cosas que no conocemos". Al abrazar lo atemporal, abrimos las puertas a un viaje de descubrimiento eterno y enriquecedor.

Dejar un legado atemporal no solo implica crear algo que perdure en el tiempo, sino también influir de manera positiva en las generaciones futuras. Este concepto va más allá de la acumulación de riquezas o logros personales; se trata de impactar al mundo de manera significativa y duradera.

Un legado atemporal trasciende el individuo, convirtiéndose en parte del tejido de la sociedad y la cultura. Al igual que las estrellas cuya luz sigue brillando mucho después de su desaparición, un legado atemporal continúa inspirando, enseñando y guiando a otros, incluso mucho después de que el protagonista se haya ido. A continuación te presento ejemplos de personas que a través de diferentes formas de acción han dejado una huella duradera en la humanidad.

Gabriel García Márquez: escritor colombiano y ganador del Premio Nobel de Literatura, conocido por su obra: "Cien años de soledad". Uno de los exponentes más destacados del realismo mágico en la literatura y considerado uno de los autores más influyentes del siglo XX.

Celia Cruz: cantante cubana, conocida como la "Reina de la Salsa", su música y su vibrante personalidad dejaron una marca indeleble en el mundo de la música latina.

Miguel de Cervantes: famoso escritor español, autor de la obra literaria más importante en lengua española: "Don Quijote de la Mancha".

Rigoberta Menchú: activista indígena guatemalteca y ganadora del Premio Nobel de la Paz, reconocida por su lucha por los derechos humanos y los derechos indígenas en Guatemala.

Eduardo Galeano: escritor y periodista uruguayo, autor de obras como: "Las venas abiertas de América Latina" y considerado uno de los grandes referentes de la literatura latinoamericana.

Crear un legado personal no es exclusivo de figuras históricas. De hecho, cada persona a través de sus acciones cotidianas y decisiones tiene el potencial de dejar una huella duradera en su comunidad y en las vidas de los demás. Aquí tienes una lista de acciones o formas en las que cada uno puede contribuir a crear un legado personal significativo:

- **Actos de bondad y generosidad:** pequeñas acciones pueden tener grandes repercusiones a lo largo del tiempo.

- **Dedicación a una causa:** trabajar incansablemente por una causa en la que creemos contribuye al mejoramiento de la humanidad o del planeta.

- **Innovación y creatividad:** desarrollar nuevas ideas, productos o servicios que resuelvan problemas o mejoren la vida de las personas puede tener un impacto duradero. Cualquier forma de expresión creativa puede inspirar y enriquecer la vida de otros, además de preservar la cultura y las experiencias personales.

- **Educación y mentoría:** compartir conocimientos y experiencias con los demás, ya sea a través de la enseñanza formal o informal, la tutoría, o incluso el voluntariado, puede influir significativamente en la vida de las personas.

- **Apoyo a causas y activismo:** defender causas que son importantes para uno, ya sea a través del activismo, donaciones, o simplemente difundiendo la palabra, puede tener un efecto profundo en la sociedad.

- **Escribir y documentar:** escribir un libro, llevar un diario o documentar experiencias y aprendizajes puede ser una fuente valiosa de sabiduría e inspiración para otros.

Es esencial recordar que cada uno de nosotros posee el poder de dejar un legado significativo, independientemente del alcance de nuestras acciones. Tu legado es una narrativa en constante evolución, una historia única que solo tú puedes escribir. Sea a través de la educación, el voluntariado, la expresión creativa, o simplemente siendo una influencia positiva en tu entorno, cada paso que das contribuye y enriquece las vidas de los demás.

Adoptar un estilo de vida atemporal y una filosofía perennial en la segunda mitad de la vida es una travesía que va más allá de la simple búsqueda de la juventud perdurable. Se trata de una empresa profunda y compleja que implica enfrentar desafíos tanto internos como externos, desafiando creencias arraigadas y superando obstáculos sociales y culturales.

El primer gran obstáculo es interno; desafiar nuestras propias creencias sobre el envejecimiento y lo que este implica. Muchos llevamos preconcepciones sobre la disminución de oportunidades en el amor, las relaciones, la productividad y la participación social a medida que envejecemos. Romper con estas creencias es fundamental para adoptar un estilo de vida atemporal.

Además, es crucial modificar hábitos arraigados que no concuerdan con un estilo de vida activo y saludable. Incluye adoptar prácticas de alimentación saludable, mantener una rutina de ejercicio regular y fomentar la participación activa en diversas actividades. Estos cambios no son menores y requieren un compromiso constante y una revisión continua de nuestras rutinas diarias.

Externamente, los desafíos son igualmente significativos. La sociedad acostumbra a asignar roles y expectativas limitantes a las personas en la segunda mitad de su vida. Existe un prejuicio social contra quienes desean mantenerse jóvenes y activos, etiquetándolos como inmaduros o no dispuestos a aceptar su edad. Este estigma puede manifestarse en forma de críticas, rechazo o incluso ridiculización.

Igualmente, los espacios para la participación productiva de las personas mayores son limitados. No solo en el ámbito laboral, también en oportunidades para la educación, el voluntariado, el arte, entre otros. El desafío está en encontrar o crear estos espacios que permitan a las personas de edad avanzada seguir contribuyendo de manera significativa a la sociedad.

Estos desafíos señalan la necesidad de un cambio cultural más amplio. Es imperativo fomentar una visión más inclusiva y amplia del envejecimiento. Una que valore la experiencia y la sabiduría, y al mismo tiempo reconozca la capacidad y el deseo de las personas de seguir siendo activas, creativas y productivas a lo largo de toda su vida.

Adoptar un estilo de vida atemporal y perennial es, sin duda, un camino lleno de desafíos. Sin embargo, enfrentar y superar estos obstáculos no solo beneficia a nivel individual, también contribuye a un cambio social más amplio, hacia una sociedad que valore y respete la diversidad y riqueza de todas las etapas de la vida. La clave está en la resiliencia, la adaptabilidad y el compromiso continuo con el crecimiento personal y la participación activa, independientemente de la edad.

En una sociedad que valora las tradiciones y estructuras establecidas, adoptar una perspectiva atemporal en la segunda mitad de la vida puede parecer una tarea desafiante. Asumir esta actitud requiere más que solo una disposición a ir contra la corriente; implica desarrollar una fuerte autoestima y una convicción profunda sobre los beneficios que esta actitud puede aportar tanto a uno mismo como a los demás.

Ser atemporal o perennial implica mantener una mentalidad abierta, flexible y perpetuamente joven, independientemente de la edad cronológica; para lograrlo, es fundamental tener una autoestima sólida. Esta fortaleza interior permite enfrentar y superar las críticas y señalamientos que pueden surgir al desafiar las normas convencionales. La convicción personal en los beneficios de ser atemporal no solo nutre esta autoestima, sino que proporciona un sentido de propósito y dirección.

Enseguida presentaré ejemplos de personas que demuestran cómo, a pesar de las críticas y los desafíos, ser atemporal en la segunda mitad de la vida puede conducir a un legado duradero y a un impacto significativo, demostrando que la edad es solo un número y que el espíritu puede permanecer joven y vibrante siempre.

Anna Wintour: la icónica editora en jefe de Vogue, conocida por su influencia en el mundo de la moda. Ha enfrentado críticas por su enfoque atemporal hacia la moda y su estilo de liderazgo. A pesar de ello, ha seguido siendo una figura influyente, respetada por su capacidad para mantenerse relevante y dictar tendencias en una industria en constante cambio.

Warren Buffett: uno de los inversionistas más exitosos del mundo. Ha sido criticado por su enfoque tradicional y atemporal de la inversión, especialmente en una era dominada por la tecnología y las tendencias de inversión rápida. Sin embargo, con el tiempo, su filosofía de inversión a largo plazo y su enfoque en el valor intrínseco de las empresas han sido ampliamente validados y admirados, demostrando su sabiduría en un mundo volátil.

Judi Dench: actriz británica, que ha disfrutado de una larga y exitosa carrera. Enfrentó críticas por continuar su profesión en etapas avanzadas de su vida, desafiando las normas sobre la edad y los roles adecuados para las mujeres mayores en el cine. Con el tiempo, ha sido celebrada por demostrar que el talento y el carisma no tienen fecha de caducidad.

Noam Chomsky: este renombrado lingüista, filósofo y activista político ha sido criticado por sus opiniones atrevidas y su continua reprobación a las políticas gubernamentales y corporativas. A pesar de sus opiniones, especialmente intensas en su vejez, Chomsky ha seguido siendo una voz influyente y respetada en debates académicos y políticos, demostrando que la pasión por la verdad y la justicia no disminuye con la edad.

Rita Moreno: esta actriz puertorriqueña, conocida por su papel en "West Side Story", enfrentó estereotipos raciales y limitaciones en los roles que se le ofrecían. A pesar de estos desafíos, Moreno perseveró y se convirtió en la primera latina en ganar un Óscar. Continuó su carrera con éxito en las décadas siguientes, convirtiéndose en un ícono y una inspiración.

Carlos Fuentes: destacado escritor e intelectual mexicano, que enfrentó críticas por sus opiniones políticas y su estilo literario. A pesar de ello, se mantuvo como una figura central en la literatura latinoamericana y mundial, siendo reconocido por su contribución a la cultura y la literatura.

Isabel Allende: la reconocida novelista chilena, famosa por libros como: "La Casa de los Espíritus", enfrentó críticas por sus temáticas audaces, y su enfoque en el realismo mágico y los derechos de las mujeres. Con el paso del tiempo, Allende ha sido aclamada internacionalmente, ha ganado numerosos premios y es una de las autoras más leídas en lengua española.

Óscar de la Renta: el diseñador de moda dominicano, aunque alcanzó el éxito temprano en su carrera, enfrentó críticas en las etapas posteriores por mantener un estilo considerado como "demasiado clásico" en el mundo de la moda en constante evolución. Sin embargo, su elegancia atemporal y su habilidad para adaptarse le garantizaron su estatus como un ícono en la industria de la moda hasta su fallecimiento.

Sonia Sotomayor: la primera jueza latina en la Corte Suprema de los Estados Unidos, enfrentó obstáculos y críticas en su camino hacia ese logro histórico. A lo largo de su carrera, ha sido una figura inspiradora y respetada, y ha demostrado la importancia de la diversidad y la perspectiva atemporal en los más altos niveles del poder judicial.

Estas personalidades reflejan cómo a través de la perseverancia y manteniendo una perspectiva atemporal, es posible superar las críticas y rechazos iniciales para al final lograr un reconocimiento duradero y un legado inspirador. Su capacidad para superar las críticas y mantener una actitud perennial, las ha convertido en figuras inspiradoras y referentes en sus respectivos campos.

Adoptar una actitud atemporal en la segunda mitad de la vida es mucho más que una elección romántica, es un enfoque constructivista que nos abre a un mundo de posibilidades. Al elegir ser perennials no estamos negando la realidad de la edad, redefinimos lo que significa envejecer. Esta perspectiva nos permite aprovechar la riqueza de nuestras experiencias pasadas mientras seguimos explorando, aprendiendo y contribuyendo activamente a nuestro entorno.

Esta forma de vida implica reconocer que el crecimiento personal y profesional no tiene una fecha de caducidad. Nos invita a mantenernos curiosos, a seguir desafiándonos y a rechazar las limitaciones impuestas por los estereotipos de la edad. En un mundo en constante cambio, ser atemporal significa ser adaptable, resiliente y siempre relevante.

No se trata de una búsqueda ingenua de la juventud, sino de un compromiso consciente con el crecimiento continuo. Es una decisión valiente de vivir de manera plena, manteniendo una mentalidad abierta y un corazón joven, independientemente de los años que hayamos vivido. Así, al mirar hacia el futuro, recordemos que ser atemporal no es solo preservar lo mejor de nosotros mismos a lo largo del tiempo; es también un viaje hacia la autorrealización sin límites cronológicos.

Ser atemporal no es simplemente vivir en el tiempo, es trascenderlo.

Permanece firme y majestuoso como el pino, dejando que cada anillo nuevo en tu tronco sea un testimonio de sabiduría, y resiliencia ganadas con el paso del tiempo.

El pino, con su naturaleza perenne y su habilidad para mantenerse verde y vigoroso a través de las estaciones, nos invita a reconocer la belleza y la fortaleza que vienen con los años, y a mantenernos resilientes mientras avanzamos en la vida. nos recuerda que podemos resistir las adversidades y que la madurez no es el fin. Sus raíces que se extienden con el tiempo. Nos invita a enraizarnos en nuestras experiencias pasadas, para seguir estando firmes.

El pino se hace presente en este libro para recordarnos que en cada etapa de la vida hay potencial, y que al envejecer evolucionamos hacia una vida más profunda y una integridad más completa.

INVITACIÓN FINAL

Al igual que una estrella, cuya luz viaja a través del tiempo y el espacio, iluminando el cosmos mucho después de su desaparición, nosotros podemos dejar un legado luminoso que perdure más allá de nuestra presencia física. Esta luz es un reflejo de nuestras experiencias, sabiduría, amor y contribuciones, que seguirá inspirando y guiando a otros mucho después de que hayamos partido.

Nuestra vida, en su esencia más pura, se asemeja a una espiral ascendente, no a una montaña con un pico y un descenso inevitable; cada vuelta de la espiral nos lleva a mayores alturas de entendimiento y realización. En este viaje no hay declive final; cada momento es una oportunidad para crecer, aprender y brindar. Así como la estrella que brilla con intensidad constante, nuestra vida puede ser un continuo ascenso de luz y energía, independientemente de la edad cronológica.

En esta filosofía perenne, cada etapa de la vida se convierte en una plataforma para una mayor expansión y expresión de nuestro ser. Atravesar la segunda mitad de la vida con una visión atemporal es abrazar cada día como una nueva oportunidad para brillar y dejar una huella luminosa en el universo de nuestras vidas y en las de quienes nos rodean.

"Así como la estrella que nunca deja de iluminar el camino, seamos perpetuos faros de luz, sabiduría y amor, trascendiendo el tiempo y el espacio en la espiral ascendente de nuestra existencia".

MARTHA BEATO

AGRADECIMIENTOS

Al reflexionar sobre el camino que me ha llevado a la creación de **"El arte de vivir en la edad madura: guía para disfrutar en la segunda mitad de la vida",** me doy cuenta de que este libro no solo está construido sobre mis experiencias y aprendizajes, sino también sobre el apoyo, la inspiración y el amor de personas increíbles cuyo impacto en mi vida y obra, es imposible de cuantificar.

Mi agradecimiento especial es para dos seres humanos especiales: **Dennis Mota-Álvarez**, cuya fe en mi capacidad para trascender mis propias dudas y limitaciones fue el catalizador que inició mi viaje como autora. Como dueño de una editorial, Dennis vio algo en mí que yo misma no podía ver. Su insistencia y apoyo no solo me llevaron a publicar mi primer libro **QUERIDA MARTHA** Este es ya mi tercer libro, y Dennis fue quien me abrió la puerta a este mundo de posibilidades y crecimiento.

A **René Rodríguez Soriano,** mi querido amigo del alma, le debo un tributo de amor y gratitud que trasciende las palabras. René fue más que un editor; fue un maestro, un guía espiritual en el arte de escribir y vivir. Su talento como escritor y poeta me convirtieron en su fan número uno. Pero fue su corazón generoso, su paciencia y su cuidado excepcional en cada detalle del proceso de edición de mi segundo libro   lo que marcó mi agradecimiento "Que Siga la Fiesta" lleva impreso su legado y su amor por las palabras. La inesperada partida de René en 2020 dejó un vacío en mi vida y en nuestros proyectos compartidos. Sin embargo, su espíritu y enseñanzas continúan vivos en cada página que escribo.

Además en la creación de este libro, he tenido la fortuna de contar con personas extraordinarias, cuyo apoyo y colaboración han sido esenciales. Mi gratitud:

A Persilia Sigilstra. En un periodo lleno de desafíos personales, dijo "sí" sin titubear y me presentó a mi asistente personal," A Luci". su apoyo a pesar de estar en un momento crítico de su vida **fue un regalo invaluable. Gracias Persilia.**

A Juan Diego Tavares. A pesar de estar en el inicio de una maestría, Juan Diego se volcó en ayudarme con la transcripción inicial del libro, sacrificando sus horas libres en una muestra de solidaridad que siempre recordaré. **Gracias Juan Diego**.

A Ingrid López de García, por ser la primera en sumarse a este proyecto. Su mirada crítica y discusiones en las primeras etapas del libro fue fundamental. Su hogar no solo me ofreció refugio y una vista inspiradora de la ciudad, sino también un espacio de tranquilidad para avanzar en la escritura. **Gracias Ingrid.**

A Chiqui Checo, amiga y hermana de la vida, por su hospitalidad incondicional. Me facilitó un espacio cálido en su hogar durante los fines de semana en mi ciudad natal Santiago de los Caballeros, para facilitarme escribir sin distracciones. **Gracias Chiqui**.

A Ivelisse Ortega, quien sin proponérselo paso de ser una colaboradora a ser la transcriptora oficial. Sus comentarios y preguntas perspicaces han enriquecido el contenido, haciéndolo más accesible para los lectores. **Gracias Ivelisse.**

A Fernando Columna, él fue el primero en leer este libro por completo, Hizo correcciones cuidadosas y su entendimiento de temas como la filosofía y la literatura contribuyeron con el refinamiento del manuscrito. **Gracias Fernando.**

A mi hijo, Marco Alejandro, cuya participación en este proyecto ha ido más allá de lo esperado. A pesar de las altas demandas laborales y profesionales, Marco Alejandro dedicó tiempo a leer, comentar, corregir, y hacer sugerencias valiosas. Su, percepción aguda y apoyo incondicional me infundió la seguridad que necesitaba para el refinamiento de este libro. **Gracias Marco.**

A Clarisse Albrecht, mi querida nuera cuya perspicacia y honestidad fueron definitorios en la etapa final de este libro. Clarisse, con su agudeza y capacidad para decir de manera directa y respetuosa las oportunidades de mejora, fue la mente maestra detrás del título de esta obra. **Gracias Clarisse**, por ayudar a darle la forma definitiva a **"El Arte de Vivir en la Edad Madura".**

A Carlos Aparcedo, cuya mentoría a lo largo de todo el proceso de escritura de este libro ha sido esencial para mantenerme enfocada. Valoro Su gentileza y profesionalismo en todo momento. **Gracias Carlos.**

A Jaime Mujica, cuyo empeño y habilidad le permitieron lograr un maridaje mis expectativas y los estándares profesionales. Agradezco su compromiso con que me sintiera satisfecha con el resultado final, sin comprometer la corrección profesional. **Gracias Jaime**.

Por último, pero no menos importante, extiendo mi gratitud a todas las personas que generosamente compartieron conmigo sus, experiencias personales e inquietudes. Sus perspectivas han sido una fuente de inspiración Ustedes son parte de esta travesía y han alimentado mi deseo de contar historias que conectan, sanan y celebran la vida en todas sus etapas.